新时期幼儿园教育教学工作研究

殷海燕◎著

吉林出版集团股份有限公司
全国百佳图书出版单位

图书在版编目（CIP）数据

新时期幼儿园教育教学工作研究/殷海燕著.--长春：吉林出版集团股份有限公司，2022.9
ISBN 978-7-5731-2536-1

Ⅰ.①新… Ⅱ.①殷… Ⅲ.①幼儿园—教育工作—研究②幼儿园—教学工作—研究 Ⅳ.①G61

中国版本图书馆 CIP 数据核字（2022）第 181502 号

新时期幼儿园教育教学工作研究
XIN SHIQI YOU'ERYUAN JIAOYU JIAOXUE GONGZUO YANJIU

著　　者	殷海燕
责任编辑	祖　航
封面设计	李　伟
开　　本	710mm×1000mm　　1/16
字　　数	200 千
印　　张	11
版　　次	2023 年 1 月第 1 版
印　　次	2023 年 1 月第 1 次印刷
印　　刷	天津和萱印刷有限公司

出　　版	吉林出版集团股份有限公司
发　　行	吉林出版集团股份有限公司
地　　址	吉林省长春市福祉大路 5788 号
邮　　编	130000
电　　话	0431-81629968
邮　　箱	11915286@qq.com
书　　号	ISBN 978-7-5731-2536-1
定　　价	69.00 元

版权所有　翻印必究

前　言

学前教育作为国家教育体系中不可或缺的重要部分，不仅关系着学前幼儿的身心健康与全面发展，也关系着民生的幸福及社会的进步。学前教育是幼儿初期的学习阶段，同时也是幼儿从家庭迈向校园的过渡阶段。学前教育对于幼儿的成长来说，有重要的作用，很有可能影响幼儿一生的发展。幼儿教育的意义是为入学前幼儿奠定基础，这个阶段的孩子正处于人生的萌芽阶段，没有经历过学校生活，对事物还停留在感知阶段，幼儿教育就是促进他们的身心发展，开发潜力，促使这个阶段的孩子养成良好的习惯，为之后漫长的学习生涯乃至人生做铺垫。学前教育作为个人受教育的最初阶段，不论是对幼儿行为习惯的养成、正确世界观的树立，还是身心的健康发展，都有着其他教育阶段不可替代的作用。

进入 21 世纪以来，城市不断发展，居民的教育需求不断提升，社会对学前教育供给数量与质量的关注不断增加。我国对幼儿教育十分关注，给学前教育工作提供了良好的政策环境，持续提升了学前教育的教学质量。

本书第一章为幼儿园教育教学概述，内容为幼儿园教育概述、新时期幼儿园教育发展及特点和幼儿园教育现状三部分；本书第二章为做新时期的幼儿园教师，分别介绍了幼儿园教师的职业素养、幼儿园教师的专业发展、幼儿园教师的发展规划和幼儿园教师的发展路径；本书第三章为新时期幼儿园课程建设，分别介绍了幼儿园健康教育课程建设、幼儿园德育教育课程建设、幼儿园智育教育课程建设、幼儿园体育教育课程建设和幼儿园美育教育课程建设；本书第四章为新时期幼儿园教学活动，分别介绍了幼儿园教学活动概述、幼儿园教学活动的设计创新和幼儿园教学活动的组织创新；本书第五章为新时期幼儿园管理，包括管理概述、幼儿园教学管理的发展路径和幼儿园安全管理的发展路径等几节内容。

在撰写本书的过程中，笔者得到了许多专家学者的帮助和指导，参考了大量的学术文献，在此对各位专家学者表示诚挚的谢意！本书内容系统、全面，论述条理清晰、深入浅出。

由于笔者水平有所不足，加之时间仓促，本书难免存在一些疏漏，在此，恳请同行专家和读者朋友批评斧正！

殷海燕
2021 年 10 月

目 录

第一章 幼儿园教育教学概述 1
    第一节 幼儿园教育概述 1
    第二节 新时期幼儿园教育发展及特点 38
    第三节 幼儿园教育现状 45

第二章 做新时期的幼儿园教师 54
    第一节 幼儿园教师的职业素养 54
    第二节 幼儿园教师的专业发展 81
    第三节 幼儿园教师的发展规划 87
    第四节 幼儿园教师的发展路径 90

第三章 新时期幼儿园课程建设 93
    第一节 幼儿园健康教育课程建设 93
    第二节 幼儿园德育教育课程建设 102
    第三节 幼儿园智育教育课程建设 106
    第四节 幼儿园体育教育课程建设 108
    第五节 幼儿园美育教育课程建设 113

第四章 新时期幼儿园教学活动 121
    第一节 幼儿园教学活动概述 121
    第二节 幼儿园教学活动的设计创新 134
    第三节 幼儿园教学活动的组织创新 141

第五章　新时期幼儿园管理 …………………………………………………… 146
　　第一节　管理概述 ………………………………………………………… 146
　　第二节　幼儿园教学管理的发展路径 …………………………………… 155
　　第三节　幼儿园安全管理的发展路径 …………………………………… 162

参考文献 ………………………………………………………………………… 166

第一章 幼儿园教育教学概述

幼儿园是幼儿进入集体生活的开始，幼儿园教育对幼儿的健康发展非常重要。本章为幼儿园教育教学概述，第一节为幼儿园教育概述，第二节为新时期幼儿园教育发展及特点，第三节为幼儿园教育现状。

第一节 幼儿园教育概述

一、教育

（一）教育的定义

德国哲学家黑格尔说：熟知非真知，积非可成是。人们常常挂在嘴边的名词往往很难说清楚它的真正含义。各个领域的学者都试图解说教育，为教育寻找"真正的"定义。这一现象充分说明人们认为教育这一概念应该拥有某种真正的具有共识性的定义。虽然教育科学研究至今已经达到了前所未有的水平，但是想要给教育这一基本概念做出科学而唯一的界定，却是一项越来越难以完成的任务。

我国自古以来对教育的阐释便有诸多不同。朱熹认为教育的根本任务在于"存天理、灭人欲"，使人得到教化，去除私欲。孟子建立在性善论基础上的教育"扩充善端"说、荀子建立在性恶论基础上的教育"化性起伪"说，或从内发或从外铄，都阐明了教育的真谛。陶行知主张"生活即教育"，梁启超认为教育之意义在于"开民智""伸民权"，蔡元培提出"五育"并举的思想主张，顾明远在《教育大辞典》中对教育的解释是：传递社会生活经验并培养人的社会活动。

西方学者对于教育的定义也不尽相同。古希腊哲学家柏拉图认为，教育就是训练身体和陶冶心灵，是改造人性、陶冶德行、实现理想国的唯一手段。捷克教育家夸美纽斯认为教育的实质是培养人成为人的活动。伟大的科学家爱因斯坦秉持这样一种观点：如果人们已经忘记了他们在学校里所学的一切，那么所留下的就是教育。他强调教育是培养人的能力而不是获取特定的知识。美国教育家杜威认为教育是为了适应生活和生长。德国教育学家雅斯贝尔斯认为教育是为了培养人的精神和心灵。

可以看出，自古以来人们对教育的阐释便具有多维视角，有的从目的层面，有的从功能层面，有的从内容层面，还有的从手段层面，立体地对教育的定义进行探讨。这既展示了思想家、学者的智慧，同时也充分体现了教育定义非同一性这一现象的广泛存在，它伴随着教育实践和教育理论的整个发展历程。

以上诸多定义都对教育的内涵与外延做出了简要说明，之所以会在教育的界定上产生诸多分歧，是因为有人将教育视为一种动态的过程，有人将教育看作静态的结果。杜威认为教育是经验的改造和改组。对于幼儿而言，首先教育是发展，一种需要指导的学习的发展；其次教育是生长，一种自然过程中生长或成熟的发展。该观点将教育视为一个过程，认为幼儿的经验一方面来自其自身的本能，一方面来自幼儿与环境的相互作用，而教育意味着对幼儿的经验进行改造和重组。教育就是人在学习和发展的过程，也是人适应生活、适应社会的过程，教育的变动与生长如同人类的生活一般。马克思将教育视为一种结果，认为教育是将人培养成为具有良好的智力水平、强健的体魄，以及具备一定劳动技能的人。这两种理论分别站在教育的作用与教育的目的的角度，对教育做出了诠释。就好比在射击场上，有人注重射击靶子的过程，有人在乎击中靶子的结果。但实质上，这是一个连续的、整体的动作，过程与结果是分不开的，有了射击的过程才会有射击的结果，教育也如此。教育过程或者教育结果都不是到某一阶段便戛然而止的，因为教育的对象是人，而人是发展中的人。因此，无论是作为过程的教育还是作为结果的教育，它们之间都不是相悖、相反的关系。没有无目的的教育，也没有无过程的教育。

人们一直试图为教育做出某种具有共识性的真正的定义，并因此产生了诸多分歧。笔者认为在为教育的定义争论不休之前应该认清一个现实：由于以上种种宏观与微观的因素，教育是难以被统一定义的，也是没有统一的必要的。因此，与其对教育的定义争论不休，不如转而重新审视"教育"。将教育作为衡量教学活动的价值标准更趋于教育的本真含义，自然也就探寻到了教育定义的合理内核。中国自古以来将"使人为善"作为教育的价值标准。但"善"的范畴过于广大，使得教育难以与道德进行区分。并且，随着时代、社会的变迁，教育的内涵也不免发生历史性的变化，这种变化主要是从古至今对教育价值追求的变化。中华人民共和国成立以来，教育作为实现人的全面发展的重要途径，"培养什么人、怎样培养人"始终是教育的基本问题。如果将教育理解为衡量教学活动的价值标准，并结合新时代对教育的需求和理解，将教育定位于培养德、智、体、美、劳全面发展的建设者和接班人，那么该价值标准毫无疑问就是立德树人。

将教育理解为衡量教学活动的价值标准，再将这一价值标准具体内化为立德树人，也就是将完成立德树人这一根本任务作为衡量一切教学活动的标准。再以此重新审视教育的内涵和外延，建构教育的大厦用立德树人这一具有中国特色和中国智慧体系来破解教育这一教育学基本概念的非同一性问题，在一定程度上还可以帮助人们很好地审视教育学中国化这一根本问题。

（二）新时期的教育观

立德树人是培养优秀人才的首要环节，同时也是教育过程中的基础性工作。人才培养与人才发展历来是党和国家发展教育事业的根本性问题，关系到我国教育强国战略的发展大局。以立德树人为培养人才、发展教育事业的根本任务，以立德树人为己任是各级各类教育必须坚持的育人原则。在教育发展与改革中始终坚持以立德树人为根本任务的思想，是新时代我国教育工作必须始终坚持一以贯之的育人要求，必须严格遵循。从家庭、学校到社会都应该重视立德树人这一教育思想的重要作用，全方位地将这一教育思想贯彻到工作、学习与生活中。实现立德树人的教育目标、教育事业发展的根本任务，具有一定的挑战性，然而这一教育环节对于培养德才兼备的新时代中国特色社会主义建设者来说尤为重要。

我国教育事业发展以立德树人为根本任务说明了其重要意义，只有我国教育事业发展长期坚持这一根本思想，才能在人才培养的过程中有坚实牢靠的教育理论基础，才能在教育工作实践这片人才培育的土壤中扎深根基、夯实基础。实现中华民族的伟大复兴离不开高水平的德育教育工作。加强德育教育，是经济全球化、教育信息化为我国教育事业发展提出的新的时代要求。随着后工业社会的到来，德育教育工作会面临更大的挑战与困难，同时也需提高德育工作水平，加大德育工作力度。德育工作是教育事业改革与发展中亟待占领的一块人才培养高地，对于中国特色社会主义教育事业发展具有极为重大的意义。同时，对于提高我国教育水平、发展优质人才资源、加强我国优质人才资源在各领域的发展也具有不可忽视的作用。因此，以立德树人为根本任务是新时代人才培养和我国教育事业发展的鲜明时代特色。育人与育德是人才培养的统一过程，也是办好让人民满意的教育的根本要求。

立德树人在教育过程中居于重要地位，是教育工作的根本任务，更是人才成长的根本目标。国家发展教育为先，教育发展德育为本，教育的根本任务明确，有利于国家培养全面发展与个性发展相结合的人才，帮助学生树立正确的世界观、人生观、价值观，培养正确看待世界、认识世界和改造世界的思想基础。以立德树人为发展教育事业的根本任务具有深厚的文化内涵，在发展建设新时代中国特色社会主义教育事业的基础上增加了全国人民内心深处的文化认同感，有利于继承和发扬我国优秀传统文化，增强文化自信，弘扬民族精神。

立德树人为教育工作的根本任务，为加强教师队伍建设和提高人才素质提供了理论指引。在教育实践意义上推进了教师队伍强化建设，促进了我国教育事业发展，为助力中华民族伟大复兴提供了保障。坚持立德树人的根本任务，为国家和谐社会的发展和巩固、良好社会风尚的形成提供了明晰的思想坐标，有利于在社会范围内弘扬崇尚道德的良好风气，推动社会主义和谐社会的发展。

（三）新时期的教育公平

追求教育公平是人类社会自古以来的理想目标，关系着国家发展和民族未来。长期以来，由于我国经济社会发展不均衡，教育在东西部、城乡、校际存在较大差距，形成教育不公平的现象。教育公平是社会公平的基础，教育公平是实现社会公平正义的重要手段和办好人民满意教育的首要环节。

公平正义是人类社会发展的理想状态，是中国特色社会主义的内在要求，更是人民永恒追求的崇高目标。中国经过四十几年的改革开放，有力地促进了经济的发展和社会的进步，为社会公平正义的实现提供了许多物质支持和有利条件。教育公平是社会公平在教育领域的延伸和体现，也是促进社会公平正义的前提条件和必要手段。教育公平对社会公平正义的促进表现在以下两个方面：

第一，教育公平能推动社会经济发展，从而促进社会公平正义的实现。社会公平正义的发展是历史的、相对的，不同发展阶段、不同思想认识的人对社会公平正义的认识不同，对社会公平正义的诉求也会发生变化。经济社会的发展能有效解决公平正义问题，以公平促发展，用发展求公平，只有社会经济不断发展，物质基础不断提高，才会实现真正的公平正义。进入知识经济时代，教育在培养人才、提高国民素质、发展经济的过程中扮演着越来越重要的角色。公平的教育是不分阶层、面向全体人民的共同教育，能有效激发全体人民的学习动力和创新能力，从而提高全民族的整体素质，服务于经济发展和社会进步。所以，推动教育公平能有效促进社会公平正义的实现。

第二，教育公平能惠及全体人民，从而促进社会公平正义的实现。一个公平正义的社会一定是人民有获得感、幸福感，并且所有成果惠及全体人民的社会。由于每个孩子出生的家庭情况、社会环境等因素不尽相同，发达地区的孩子接受的教育水平明显优于欠发达地区，使得出生环境成为影响人生公平的重要因素。而通过教育的公平发展，从制度、政策等方面多举措并举，能有效地缩小区域差距、城乡差距、群体差距，从而减少个人成长的不利因素、弥合教育的客观差距，有助于让每个孩子享受均等的受教育机会和受教育水平，惠及全体人民、增加全体人民的获得感和幸福感，从而促进社会公平正义的实现。

二、幼儿园

（一）幼儿园定义

2015年12月新审议通过的《幼儿园工作规程》将幼儿园界定为"年满3周岁以上的学龄前幼儿实施保育和教育的机构"。

（二）世界上第一所幼儿园

弗里德里希·威廉·奥古斯特·福禄贝尔（Friedrich Wilhelm August Frobel）是德国的幼儿教育学家，是19世纪欧洲公认的最重要的几位教育家之一，被称为"幼儿教育之父"。福禄贝尔毕生致力于幼儿教育方法的研究。在其创办的幼儿园里，福禄贝尔鼓励幼儿按照自己的天性和规律来发展，他的教育观点与实践对世界各国的幼儿教育都产生了深远的影响。

福禄贝尔对幼儿的教育观点部分来自卢梭的著作及裴斯泰洛齐（Pestalozzi）的教学实践。他认同卢梭自然主义的教育观。他认为作为教育者，应该在幼儿已经准备好的时候再提供一些活动来帮助他们学习，但遵循幼儿成长的自然规律并不意味着任由幼儿自己发展，这样幼儿有可能学不到东西。他认为环境对幼儿的发展同样重要，教育者应积极引导幼儿，这样才能让幼儿成为具有创新精神的人。福禄贝尔把教育者比作花园里的园丁，把幼儿比作种子，教育幼儿成长就如同培育植物生长，一颗种子只有经过播种、生根、发芽、吐叶、开花，最终才会结出果实。1837年，福禄贝尔在德国勃兰根堡创办了一所幼儿活动机构，将其教育理论诉诸实践，福禄贝尔将这个机构命名为"Kindergarten"，即"幼儿园"。福禄贝尔强调通过游戏进行学习的重要性，并把幼儿园看作幼儿能够在游戏中学习的场所，他开发了一套供幼儿玩耍和探索的教具"恩物"——以球、立方体和圆柱体为基本形态，可供幼儿触摸、抓握。幼儿通过观察认识这些木制的构件的颜色、形状、数目、大小，在组合、拆分它们的过程中开始数学和设计的启蒙。"恩物"帮助幼儿通过自由而又系统的方式认识自己身边的事物，并在这种游戏中学习知识。"恩物"作为自然的一种象征，帮助幼儿由易到难、由简到繁地认识自然及其内在规律。

（三）我国幼儿园的分类

幼儿园按照经营方式分类可分为公办幼儿园和民办幼儿园，由于办学主体和经费来源不同，公办幼儿园的类型也大体可分为政府办、教育部门办、部队办园、集体办园等。总体来说，公办幼儿园是指我国教育部门主管，财政部门全额开支的幼儿园或由相关政企、军队和集体等单位主管，给予差额拨款，又或自收自支的幼儿园，即公办幼儿园和公办性质幼儿园。其中，公办幼儿园又分四类：示范园、一类园、二类园、三类园。民办幼儿园是指由个人出资面向社会各界招收幼儿的幼儿教育机构。民办幼儿园又分为小型幼儿园和连锁幼儿园。幼儿园按照幼儿在园内的时间长短，可分为全日制幼儿园和寄宿制幼儿园：全日制幼儿园意味着幼儿白天在幼儿园生活和娱乐，每天由家长接送；寄宿制幼儿园的幼儿昼夜均需要在园内活动。幼儿园按照办园规模则可分为大、中、小型幼儿园。

（四）幼儿园区域分类

幼儿园区域一般分为三类：生活性区域、服务性区域和附属性区域。

1. 生活性区域

幼儿生活性区域包括班级活动单元和综合活动室两部分，该部分占总面积的70%~80%。班级活动单元又划分为活动室、寝室、卫生间和衣帽储藏室，综合活动室又被称为多功能活动室，如音体室、美工室、绘本室等。

2. 服务性区域

服务性区域包括办公室、医务室、隔离室、晨检室、洗涤消毒用房等。其中，办公室又具体分为园长办公室、财务办公室、教具制作室、档案室、教师办公室、会议室等。

3. 附属性区域

附属性区域包括门卫值班室、教职工卫生间、储藏室、厨房等。

（五）幼儿园的设计原则

1. 适用性和多样性

幼儿的身心健康发展需符合适用性设计原则，适用性不仅指幼儿园环境符合幼儿身心发展，也应匹配幼儿的年龄特征。例如，游戏材料应随幼儿年龄的增长而变化。幼儿通过触摸来认知环境中的物体，通过材质来分辨什么是软硬，分辨塑料和布料，运用丰富的材质品类装饰陈设，利于幼儿通过触觉来感知物品，刺激幼儿的触觉发育。还可以通过软性材料，即塑胶、亚麻等柔软具有弹性的材料来提供安全的环境。这样通过充分运用不同材质的特点，既可以增加环境体验感，又可以为幼儿提供安全保护。在关注物质环境的创造的同时，精神环境的创造也不可忽视。当代幼儿教育应充分考虑幼儿的兴趣和心理需求，尊重幼儿的自主性和自发性。随着现代教育模式的转变，班级内活动单元也应丰富多样，包括开放、灵活的互动角，以及培养兴趣、游戏的空间。适用性和多样性原则在环境的体现上也较为明显，比如室内装饰和墙面挂饰应具有童真童趣，时刻站在幼儿的视角上来理解，体现真善美。幼儿是天生的艺术家，他们有表达自己的欲望，幼儿在吸收知识的过程中，会将自己的亲身体会通过绘画、手工作品向外表现，只有将吸收的信息通过实践的方式呈现才能激发幼儿的创造能力，表现方式不拘泥于某种特定的方式，创新能力是未来发展的动力。

活动空间中容易出现大面积使用单一的墙面、地砖色彩或者是胡乱使用色彩的情况，只是将色彩进行简单的堆砌，没有通过色彩认知的原理服务幼儿的视觉感受。幼儿的使用空间在色彩上应该使用中间调的色彩，不宜使用太过艳丽的色彩。使用正确的色彩语言既可以安抚幼儿的情绪，又可以使幼儿拥有积极健康的状态。但同时也要控制同一空间中色彩使用的种类，使用过多的色彩容易造成幼儿对色彩认知的障碍。相较于文字的标识，颜色之间的区域划分更能引起幼儿的兴趣，从而更简单地分辨空间。室内容易出现单面采光、采光不均匀或室内光源单一的问题，使得幼儿对光感空间的体验感不足。这可以通过扩大面积、辅助高窗、天窗等组合方式，添加光感装置来提高体验感。

2. 安全性和健康性

活动空间的使用是幼儿，因此在设计上要充分根据幼儿的生理特征和心理特征的发育特点来进行。幼儿心理发展的程度不同，使得他们的认知感受不同，对不同空间的尺度需要是不同的，不能简单地将合适的尺度感与等比例缩小画等号。在生理上，幼儿的身高与行动特点决定了室内家具的大小、高低尺度，必须符合幼儿的人体工程学，幼儿的洗手池高度应在 600 毫米左右，给幼儿使用的楼梯高度不超过 120 毫米，无明显的接缝或接缝深度不超过 1 毫米等，在满足安全需求的同时也应满足幼儿使用舒适度的需求。身高的限制使得在设计中应注重幼儿的第一视角，例如标识色彩高度在 1200 毫米左右。在空间尺度上，幼儿在不同场景下的需求也不同，他们喜欢探索狭小的空间，楼梯转角、家具围合的小空间等类似洞穴的空间，这是独属于他们的活动空间，因此要注意设置小尺度的空间。但是，在同一空间中也需要存在大尺度的空间，如一些空旷的公共空间，但应该注意通过吊灯顶和利用家具来减少幼儿的不安。

学龄前的幼儿骨骼及生理机能发育不完全，不具备自我保护意识，玩耍、跳跃时的力度与速度均不受控制。因此，尽可能地创造有利于幼儿身心健康发展的室内空间环境，是设计者首要考虑的问题。幼儿的活动场地应平整，无凹凸起伏，桌椅、器械等无尖锐边缘，尽可能地做圆角处理，栏杆的高度应按照幼儿的生理特征设计，避免幼儿攀爬时造成意外伤害。满足幼儿跳跃、攀爬的区域可设置简单的攀爬器械，需要注意的是，这些器械旁应设置表面带有弹力的保护设施。在家具的选用上，幼儿园内家具中的甲醛及有害成分含量应在国家规定的标准范围内，按照以"幼儿为中心"的设计原则，尽可能地使用天然材料，并结合质地及色彩搭配，创造令幼儿愉悦的色彩，符合他们的喜好，使得空间环境更为生态环保、色彩清新明快。

3. 教育性和针对性

有的幼儿接受细致的照顾，使其在行为习惯上和性格上可能会存在自我主义倾向，有的幼儿无法与他人进行分享或良好相处，因此，日常生活中需要成人辅助来完成良好习惯和性格的培养。健全的人格培养需要培养幼儿的责任心，清楚认识自我价值，培养自信、活泼、勇敢、积极和有担当的性格需要从环境和细微处入手。良好的性格有利于幼儿的学习、社交等能力的后续良性发展。幼儿时期是情感、智慧启蒙的重要阶段，心理学家丹尼尔·戈尔曼（Daniel Goleman）说童年是塑造人生情感的重要时机。情感氛围有两层含义，其中一层为幼儿对周边环境的肯定和否定的心理感受，如喜爱、悲伤、紧张、恐惧、开心等，另外一层表现在人与人之间的社会情感认知方面，如社交的需求。幼儿通过情感的感知来辨识周围的环境，不同情绪带来的感受不同。一个安全舒适的空间环境，可以给予幼儿情感上的安抚，幼儿的行为特征显示，幼儿在自己熟知的安心环境中更乐于参与社会化的活动，如语言上的交流、活动的参与性、自我情绪的表达等。在感知他人情感的同时能完整地表达自我情感，从而影响整体的氛围感受。幼儿天生就有探索这个世界的需求，幼儿的世界很简单，他们喜欢观察世界，善于发现那些被成人忽视的自然细节，通过对环境的观察构建世界的认知，他们喜欢探索世界，探索抽象的空间。不断地通过观察环境、探索未知空间的体验来刺激幼儿对新事物的接受程度，激励他们更深层地探索不一样的世界。循环这一过程，反复地构建新的认知，从而推动他们整体认知水平的提升，只进行成人的知识灌输是无法满足幼儿自主探索发现的成长需求的。

环境的创设对于幼儿来讲是一门隐性课程，它可以在潜移默化中对幼儿的身心健康发展起到教育作用，因此，幼儿园室内设计不但要重视环境美，而且要注重环境的教育功能。幼儿园可将课程设置与环境有效地结合起来，比如在带幼儿认识植物时，可在室内外环境中开辟植物角，以便幼儿进行更为细致的、较长时间的观察。幼儿是这个环境中的主体，空间环境和氛围的营造应符合幼儿的思维和视角，设计者应针对幼儿的角度进行设计和思考，而非进行简单地拼贴和元素的堆砌。幼儿的生理和心理有自己的特点，使用的物体形体应富于变化，造型以幼儿喜闻乐见的为主，这样可使幼儿产生联想与记忆，并点缀明快的色彩以展现幼儿的情感。

幼儿通过自己的感官来直接或间接地接触环境，无论是瑞吉欧主张的工坊教育，还是陈鹤琴的"生活即教育，行为即课程"，都在表明生活体验式的幼儿教育对于幼儿的成长有重要的作用。繁重的升学知识的学习挤压了幼儿的游戏、活动时间，单调乏味的学习只能压制幼儿的发展，而丰富的生活环境可以使他们关注生活的作用。有目的的情景教学能帮助幼儿在各个方面完成对社会的认知，在认知的过程中构建自己的知识世界。幼儿的认知特别容易受到环境的影响，丰富的情景设置让幼儿参与不同的情景氛围，将自身带入多样的场景中，在有限的空间中最大限度地提升各种不同的能力，如动手能力、学习科研能力、共情能力等。

在不同的情境中使用不同的色彩、材质来帮助幼儿的视觉、触觉感官的发育，用丰富的环境元素来助力幼儿的成长。在空间标识上选择幼儿熟悉的图像、符号语言来进行指导。依据幼儿的认知水平和兴趣减少传统的文字符号，使用不同的颜色来引导幼儿对方向感、方位感的认知。在纵向空间上通过线条指向性来提供纵向的方向感。

现实中存在的空间并不是形式单一的，有独立封闭的空间，也有相互连通的空间，形式多样。多种形式的组合才是最贴近自然环境的抽象探索空间。单纯的封闭空间只能禁锢幼儿的灵魂，限制他们的发展，他们需要一个开放性的空间来满足社交需求。这种社交需要包括同年龄之间的、跨年龄之间的交流。这就需要打破传统的由平直线条构成的狭小空间，而在宽松的、多功能的、灵活多变形式的开放性空间中，这样才能激发无限的想象力及巨大的创新潜力。室内的各个空间之间应该相互渗透、相互融合的，包括活动空间与公共空间相互渗透。可用活动隔板来分割空间，在平时为各自的活动单位，但在有需求时随时可以打开，组合成新的开放空间，缓解内部空间带来的封闭感。在墙上或者门上打开不规则形状的开口，将外部环境引入室内，满足幼儿的好奇心。提供观察空间，也可为成年人提供一个不打扰幼儿观察活动的看护平台。除了打破室内空间与空间之间的屏障，也要打破室内与室外的空间阻隔，加强室内与室外的环境对话。将自然引进室内，大面积通透的玻璃可以提供更好的景观体验。

三、幼儿园教育

（一）近代中国幼儿园教育的起源

1840年，第一次鸦片战争爆发，1842年签订的中英《南京条约》成为中国近代史上第一个不平等条约，随后1844年的中美《望厦条约》和中法《黄埔条约》中均规定了洋人可以在通商口岸租赁房屋、租地建楼，设医院、教堂等。为了给在华的牧师子女提供教育，教会开始创办幼儿园，后期也开始招收中国教徒子女和非教徒子女，由牧师夫人或女传教士担任教师，教育形式多采用当时西方盛行的福禄贝尔的教育模式。

1894年，甲午战争爆发，1895年，与日本签订了丧权辱国的《马关条约》，给近代中国社会带来了更为深重的灾难。作为洋务派代表人物、湖广总督张之洞逐渐认识到新式教育的重要性，在他的推动下，湖北兴起了创办新式学堂的热潮。在"中学为体，西学为用"的思想指导下，清末的教育借鉴了日本的教育制度。1904年，由张之洞、张百熙、荣庆以日本学制为蓝本拟定的《癸卯学制》颁布，"蒙养院"作为被官方承认并推行的幼儿教育机构正式登上历史舞台，而蒙养院的"蒙养"二字来自《周易》"蒙以养正，圣功也"，从中也可以看出洋务派"中体西用"的中心思想。

（二）我国幼儿园教育定义

《幼儿园工作规程（试行）》中指出："幼儿园的教育活动是教育者有目的、有计划、有组织地采用多种形式，引导幼儿主动参与活动的教育过程。"幼儿是幼儿园教育活动的主体，身心发展处于初始阶段，需要成人的精心呵护与教养，所以幼儿园在遵循幼儿身心发展规律和特点的基础上，为满足幼儿的全面协调发展，组织形成不同形式的教育活动。我国学前教育领域对于幼儿园教育活动的理解方式有两种：一种是广义的理解，即幼儿园的教育活动应满足幼儿发展所需，由生活活动、游戏活动和教学活动三种综合系统组成的教育活动；另一种是狭义的理解，即教育活动是将生活活动、游戏活动融入教学活动中。游戏活动是幼儿园教育中的基本活动，是依据教育的宏观目标，幼儿教师组织开展的重要组织形式，包括有组织的游戏活动和无组织的游戏活动。

教学活动是幼儿教师按照教学要求，通过有组织的教育活动有目的、有计划地引导幼儿习得对其身心发展有利的学习经验的途径。生活活动包括来园、晨间活动、盥洗、如厕、进餐、喝水、睡眠、散步、离园等日常常规性活动。

（三）幼儿园教育的方式

1. 通过游戏进行综合指导

游戏是幼儿生活的重要部分，幼儿应该在游戏中度过美好的童年时光。游戏在早期教育中具有举足轻重的地位，但长期以来游戏却在教育实践中被轻视、忽视。在幼儿园的教育实践中，很多教师没有看到游戏的教育价值，仅仅将游戏作为促进教育教学的一种手段，用教育的目的绑架游戏，这种做法很容易使游戏被异化为非游戏。幼儿园教育实践中还存在"重视教学游戏，轻视自由游戏"的倾向。从理论上讲，教学游戏是一种使非游戏活动游戏化的方法，它具有游戏的因素，在教学游戏中幼儿会产生一些游戏性的体验，但这又不同于幼儿的自由游戏。长期以来教育实践中游戏与学习错位下衍生出的伪游戏使幼儿真正的游戏被限制。幼儿本应该在游戏中度过他们的童年时光，在游戏中学习、发展，但现实生活中很多幼儿成为"舞台上的演员"，成人在台下观看幼儿表演各类"老师的游戏"，游戏离幼儿越来越远。教育实践中，幼儿园教育工作者试图将游戏和学习结合，设计、组织了许多教学游戏，可这都是成人基于自己对"在游戏中学习"理念的解读而设计的"游戏"活动，在这个过程中忽视了幼儿的感受。幼儿观点的缺失很可能使成人创设的"游戏"背离了初衷，最后得到的仅仅是"老师的游戏"。

游戏是幼儿自我内驱力的一种外在表现形式，而自我内驱力又是幼儿的主观能动性的体现，因此，为了使幼儿园所开展的教育也变为幼儿自觉主动参与的活动，幼儿园需要实现游戏与教育的整合。在《幼儿园教育指导纲要（试行）》等文件的号召下，幼儿园课程游戏化已成为一种必然趋势，而幼儿园游戏活动作为幼儿园课程内容的一部分，幼儿教育因此也有必要响应文件号召以游戏的方式来开展。

2. 通过环境进行教育

环境教育应该始于人生的早期阶段，即从幼儿开始，这样既能培养幼儿热爱自然的情愫，也为幼儿一生都具有较高的环境意识、保护环境的自觉性和主动性奠定了基础。首先，幼儿有亲近和接触自然环境的需要，正如自然之友的创始会长梁从诫老师所说的，孩子对大自然的喜爱是与生俱来的，因为他们是大自然的"子女"，让他们去亲近大自然，这不仅是为了环境教育，更是为了满足他们内心亲近自然的需要。其次，幼儿园教育具有基础性，学前阶段是幼儿环境教育的启蒙时期。在学前阶段，幼儿所萌发的初步的环境保护意识和热爱自然的情愫对其之后正确环境教育理念的形成具有重要作用。最后，幼儿园阶段属于幼儿接受教育的关键期，有研究表明，0~6岁的幼儿已具备接受教育的能力，且还是幼儿接受教育的关键期，对幼儿各方面技能的发展和情感态度价值观的形成具有重要作用。因此，幼儿不能错失接受环境教育的机会。

幼儿园教育环境学为教育环境的外延概念，不属于教育环境的下位概念。传统的教育环境包括课堂层次与学校层次，而幼儿园教育环境对班级与园所两个层次不进行区分。幼儿园教育环境是指幼儿的团体经验而非个体经验，需要观测研究。

《幼儿园教育指导纲要（试行）》中指出，要有效地利用环境促进幼儿发展，其中包括幼儿园的空间、设施、活动材料和常规要求、游戏、教师等资源。由此可以看出，空间、设施、活动材料（物质环境创设）和教师的态度、管理方式（教师）在对幼儿园教育环境产生影响的因素中占据重要地位。幼儿园教育环境质量不仅关系着幼儿在园中的学习生活，也对幼儿未来的全面发展产生重要影响。其中，物质环境质量与幼儿的安全问题息息相关，课程质量则影响着幼儿受教育的程度与能力发展，高质量的课程能够使幼儿受益无穷，而低质量的课程则造成幼儿全面发展的能力的缺失。教师是幼儿在园中接触最多的成人，其水平与榜样作用对幼儿的身心发展而言是较为重要的影响因素。当下我国幼儿园教育环境质量发展中存在着一个显著特点，即公办幼儿园在国家政策的大力支持下稳步提升，不少幼儿园成为行业标杆，而民办幼儿园由于起步晚、政策倾斜相对较少等诸多原因，不同幼儿园的教育环境质量存在显著的差异。

学前教育阶段是幼儿终身发展的基础，高质量的学前教育不仅能为幼儿日后的学习生活乃至终身发展奠定良好的基础，也能够为社会的未来发展培养所需的建设者，而当下参差不齐的幼儿园教育环境不仅阻碍了幼儿全面发展，也未能满足社会对教育的要求。

四、幼儿发展的特点

幼儿有着巨大的潜在发展能力，幼儿的发展有其独立的发展道路。依托环境辅助幼儿在教室完成自我成长。依据《3~6岁幼儿学习与发展指南》可将幼儿分为三个部分（3~4岁、4~5岁、5~6岁）和五大方向。

（1）健康状态。3~4岁的幼儿，在身体状况上、情绪上比较稳定，不容易因为小事而情绪崩溃，即使出现情绪不良的情况，在成年人的安抚下也能平静下来。在活动中也可以适应相对复杂的环境，但时间不宜过长，在面对新的环境的过程中也可以较快适应，但有适应期限。在动作发展上，可以在周围环境的辅助下，慢慢行走、上下楼梯，完成跳跃、躲避等简单运动。能开始完成抓、拿等手指活动。可以在引导和提醒下养成良好的生活习惯和卫生习惯，在成年人的帮助下完成基本的生活自理行为。

4~5岁的幼儿，在身体状况上能保持长期的快乐状态，不高兴时也能及时调节，愿意将自己的喜怒情绪传达给周边的成年人。能够很好地适应较冷或者较热的环境，也能较快地适应人际关系的变化。在动作发展上，可以平稳地行走一段距离，完成多种形式的钻、爬和跑、跳动作，借助工具完成各种运动，与他人追逐嬉戏。能完成简单的手工作品。在生活习惯上，能按照规定完成生活要求和保持自身卫生整洁，能够完成生活自理。

5~6岁的幼儿，在情绪好时能保持长期的愉悦心情，在情绪不好时能及时发现原因，并进行自我调节，控制住自己的脾气，感知周边的环境，调整自己的心情。在动作发展上，能够在复杂环境中活动，适应轻微复杂的场景活动，较快融入新的人际交往环境。可以在复杂倾斜的活动环境下平稳行走，手脚配合完成攀爬、连续跳跃等动作，完成躲避游戏。能完成简单的绘画、手工和劳动行为。在生活习惯上，主动完成生活习惯的规定，并主动做好个人卫生整理。能熟练生活自理，并根据环境进行适当调整。

（2）语言能力。3~4岁的幼儿，能对别人说的话进行倾听与回应，愿意在熟悉的环境中与熟悉的人交流，表达需求与想法。喜欢有韵律感、节奏感的音乐，能理解文字和画面的意义，喜欢用涂鸦来表达自己的意思。4~5岁的幼儿，能分辨群体交谈中关于自己的信息，并结合情景分析明白不同的含义，对别人的问题做出回答，礼貌友善地表达出来。会重复观看自己感兴趣的书、画，并分享、表达给周边的人，愿意用画和符号来表达自己的情感和想法。5~6岁的幼儿，愿意参与和他人的讨论并能积极主动且言语流畅、逻辑清晰地表达出自己的观点，懂得依据情境变换语言情感。可以专注地完成自己兴趣爱好，与周边的人讨论与兴趣爱好相关的内容。

（3）社交能力。3~4岁的幼儿，在人际交往方面愿意与熟悉的成年人及伙伴一起游戏，对群体活动感兴趣，能依据自己的兴趣，主动参与游戏，并提出自己的请求，尊重并关心他人。在成年人的提醒下遵守基本的行为规范。4~5岁的幼儿，喜欢与固定的朋友游戏，但也可以很好地融入其他伙伴的游戏并进行分享。在发生冲突的情况下可以和平解决问题，并愿意提出和接受不同的意见。愿意与成年人、长辈进行交谈，并准确表达自己的需求和想法，懂得体贴，明白付出的意义。5~6岁的幼儿，有自己的朋友，可以吸引不同的小伙伴，在活动中分工合作，倾听同伴的建议，并给出相应的反应，表明缘由。关注周围伙伴的情绪，并给予倾听和帮助，珍视劳动成果，接纳与自己不同的生活方式。

（4）科学理解能力。3~4岁的幼儿，在科学探究方面，喜欢接触关于大自然的事物，对自然环境和现象感兴趣，喜欢提出自己的问题。能主动观察感兴趣的事物并发现事物显著的特征，会利用多个身体感官去探索自然并对结果充满好奇心。能感知周边事物的特性与多样性，感知气候对自己的影响。能感知和分辨人或事物的高矮胖瘦、长短等不同特点。4~5岁的幼儿，在科学探究方面，喜欢接触新鲜的事物，充满好奇心，主动地进行探索，并且沉浸其中，通过观察发现和感知动植物的生长变化及所需的生存条件，发现简单的化学、物理现象，并且能够依据观察猜测结论，通过简单的图画和符号记录下来。能够感知季节的变化，明确量级，感知事物的结构、方向。5~6岁的幼儿，在科学探究上，会对感兴趣的现象进行深入发现，通过观察分析找到事物的显著特征和时间变化，以及较为复杂的科学现象等，独立或者与他人协作进行摸索探究，通过实践来找寻答案，并记录下来。可以进行简单构筑物复原，发现事物的排序、数字含义，并将此运用于生活。

（5）艺术理解能力。3~4岁的幼儿，在艺术上喜欢观察花草树木、鸟虫鱼兽，并被来自自然的声音吸引，能模仿简单的歌曲、肢体动作，喜欢观赏不同形式的艺术作品。4~5岁的幼儿，在欣赏自然景观的同时会特别注意其色彩、形态等自然特征。喜欢倾听声音，感受声音，理解旋律。喜欢唱唱跳跳，参与音乐、舞蹈的表演，用绘画、手工作品来呈现对艺术的理解。5~6岁的幼儿，乐于发现和整理生活中美好的物品，并将之处理后进行分享。对自然产生的声音进行模仿，并产生浓厚的兴趣。积极参与自己喜欢的艺术表演，用不同的形式进行表达。

五、西方幼儿教育理论

（一）发展观理论

1. 让·皮亚杰的建构主义学习理论

让·皮亚杰是近代著名的幼儿心理学家，把他的理论命名为"建构主义"，因为这个命名代表了他是如何看待学习的发生这一问题的。他用"建构主义"这个术语来表达这一概念：人们的知识构建是源于环境和个体大脑内部的结构之间不断地积极互动。换句话说，学习者的思维结构之间不断地平衡和再平衡，是由于环境积极参与个体的知识构建过程，然后个体基于新的结构作用于环境。由此可见，学习者是内部现实和外部现实变革的推动者。学习是由可预测的矢量和模式而展开，并非如阶段论所说的是线性的。在学习的过程中，有起步有停止，有前进有后退。在迈向更高一级的学习过程时，个体会表现出明显的突进和倒退。皮亚杰深刻地领会到了这一非线性的进程："每一个孩子都像大人，每一个大人都像孩子。"

皮亚杰理论的大部分综述都强调了幼儿发展的一系列阶段的思维，起始于感知运动阶段，然后到前运算阶段、具体运算阶段和形式运算阶段。令人遗憾的是，许多教育工作者对皮亚杰理论的认识大体上也就是这些年龄和阶段的划分。多年来，许多研究者，包括皮亚杰本人也在质疑这几个阶段在本质上是否步调一致。皮亚杰直接反驳了各个阶段之间的同质性观念，他认为这会导致有人把思维现实任意地划分到某些阶段之中。他其实是这样描述的："一般过程的连续阶段是反复出现的，就像是一首押韵的诗。"一个人面对新的问题或者经历新的事物时，早期阶段的思维方式会在后期阶段中再现踪迹。人的发展历程就像是一个物种的进化过程，早期的结构进化为更复杂的适应机制，但是早期的结构并不会彻底消失。智力的发展也经历这样的过程，皮亚杰就这个过程论述道："这是一个属类术语，用以表示组织的高级形式或者认知结构的平衡。"

基于皮亚杰理论的教学源自一个重要的预设：学习者是自己学习的积极能动者。也就是说，所有的教学需要让幼儿成为所教授知识的积极构建者。表面看起来似乎很简单，但实际上这意味着我们教育幼儿的方式的重大变革。理解积极学习的定义，并不是说幼儿总是在外在活动上积极主动，虽然对较小的幼儿来说他们也许就是如此。但积极学习的意思是，幼儿通过提问、实验和假设，尝试新的想法，改变已有观念，从而在思维上积极主动。对于教师来说，如何根据环境的既有条件，按照积极探索活动所需要的时间长短，创设幼儿与同伴的交往机会，通过成人提出的各种问题及其他可能的教学策略，从而激发、鼓励幼儿的思维活动，这是极为重要的工作。

皮亚杰理论的一个重要启示就是逻辑运算是不可能直接记忆或者教学的，但这并不是说就不是通过学习获得的。如果认为学习是一个过程而不是结果，那么教师的教学方法就要迈向过程和运算。当学习者构建更多的逻辑方式并且整理、组织自己的思维，不断取得进步的时候，他们往往是"进两步退一步"。例如，一个5岁的幼儿会按照"有鞋带""有魔术贴""没有鞋带"之类的范畴把鞋子分门别类处置。但是当被问及是否还有其他种类的鞋子或者是否还有其他有鞋带的鞋子，幼儿的回答是还有一些上面有鞋带的鞋子。由此可以看出，幼儿的确是采用了某种逻辑进行分类，但是如果要他们按照序列进行分类，例如大的门类包含小的门类，幼儿就不会了。这样按照序列的推理要再过6个月或者1年才会出现。基于建构主义的教师会持续不断地创设多种教学情境，让学生对物体进行分类，给学生提出具有启发性的问题。在这样的教学中，利用不同的维度和不同的材料，学生就能学会分类的重要思想。教师需要特别注意的是，对于幼儿的前逻辑答案，不可以随意下结论，因为这是在知识的构建过程中重要而既定的阶段，教师在这个过程中应该做的是给幼儿提供恰当的不平衡情境，从而促进幼儿思考和质疑。

对早期幼儿施教的教师来说，皮亚杰理论中的一个最为重要的启示，就是游戏在幼儿所有阶段的发展过程中具重大意义。皮亚杰花费了大量的时间观察、记录幼儿从婴幼儿期到青春期的游戏行为。他的许多实验都是在婴幼儿能力所及的范围内，特别是针对他的三个孩子，让他们游戏式地、有目的地操控抓住的物体，并观察他们的反应。他对婴幼儿的反应的翔实记录推动了后来的实验和假说，特别是有关幼儿在应对周围环境的控制时是如何思维的。随着幼儿的成长，在他们能够反思自己的行为和思想的时候，皮亚杰和他的研究团队就幼儿的游戏对他们进行了采访。这些访谈奠定了他的道德发展理论，包括幼儿是如何理解规则的渊源和应用、正义的分配等。

皮亚杰认为，和与成人一起进行的游戏相比较，幼儿在与同伴进行的游戏中学到的概念是不一样的。幼儿与他们的同伴在年龄上相同，在权力关系上平等，所以在与同伴的游戏互动中能够学到互利互助。一个孩子不敢从一个大人那里拿一个东西，但却有可能从另外一个孩子那里拿走东西。那个被拿走东西的孩子就会表现出"这是我的"的类似反应，也许还会在身体动作上表现出争抢这个东西的行为。这种细微而常见的互动行为给"侵犯者"一个教训：别的孩子有正当权利,在被侵犯的时候有权利索回这个东西。因此,"侵犯者"和"受害人"就学到了相互性的重要一课:别人拥有相应的权利,侵犯别人的权利必将受到"审判"。经历许许多多的同伴互动,特别是同伴游戏中的各种互动,幼儿就开始构建对于社会行为规则的理解,还有对于这些规则背后的原因的认识。对于4岁或者5岁处于自我中心阶段的幼儿来说,他们开始参与带有某些规则的游戏时,往往是不成功的。他们最开始以为那些规则是由更高一级的权威强加的,然后慢慢改变了这个观念(皮亚杰在7岁或者8岁的幼儿中发现了这一点),最后把规则理解为游戏进行的必要条件,只要参与游戏的人都同意,就能够协商改变那些规则(皮亚杰在刚进入青春期的幼儿中发现了这一点)。认为规则是不可改变的,而且是由更高一级的权威强加的,皮亚杰把这种理念称为"他律推理"。认为规则是相互协商形成的,而且对于维持社会秩序具有重要意义,皮亚杰把这种在后期出现的理念称作"基于合作的自主推理"。

对于教师来说,在教学中所要迈向的"重要思想"就是这样的更为复杂的自主推理。这并不是说教师就要放弃权威,因为这样会导致课堂内一片混乱。这里所要强调的是,幼儿需要心理安全的环境,从而能够学习协商和妥协的技巧。在与同伴的游戏中,幼儿自能觅得这样的学习机会。

2. 玛利娅·蒙台梭利的相关理论

玛利娅·蒙台梭利(Maria Montessori)的教育理论在幼儿观中,认为幼儿的生长与发展具有吸收性心智、敏感期及阶段性。蒙台梭利认为幼儿自出生以来便具有一种内在的潜力,即吸收性心智,这种心智会引导幼儿不断从外部环境中吸收对其有益的经验,从而指引幼儿成长、发展,并形成人所独有的心理。蒙台梭利将幼儿的生长阶段划分为不同的敏感期,例如1~3岁是幼儿语言敏感高峰期,正处在某一敏感期的幼儿会对该敏感期相对应的事物表现出极大的耐心。除敏感期外,蒙台梭利还将0~18岁的孩子的心理发展过程划分为三个阶段,他们在每个阶段都会呈现出不同的特点,相应的每个阶段就有不同的发展目标和教育任务。在教育观中,蒙台梭利教育最直接的功能便是培养人,这里的人是指成人而不是幼儿,因为在蒙台梭利看来,幼儿自出生之日起就有着多种未知的能力,而这多种能力可以指引着人们走向未来,最终目的是促进整个社会的发展。在教师观中,蒙台梭利认为教师应为幼儿创设良好的生活学习环境,扮演好幼儿行为的观察者、教具操作的示范者,使每一位幼儿在此基础上实现其生命的法则。因此,教师的角色首先是一位环境的创设者。根据幼儿的心理特点为幼儿创设有秩序、适宜的环境,为幼儿提供实用性与美感并存的操作材料,允许幼儿在此环境中自由表现,自我建构。其次，教师是一位观察者。蒙台梭利认为教师要拥有科学家的精神，在自然的情境下运用科学的方法去观察教室内的每一位幼儿，观察幼儿及其行为表现，去激发幼儿生命的活力。最后，教师的身份还应是示范者。在教学过程中，幼儿主要通过不断操作教师所提供的教具来提升自己的能力，教师应向幼儿介绍清楚每种教具所属的区域、名称及功能，示范每种教具的取放规则及步骤、操作的具体步骤，同时在示范过程中应有意识地引导幼儿思考教具的内在结构和内在联系。

蒙台梭利认为要让幼儿发现和体验他们周围的世界，首要的一步是允许他们自由活动，而不是像蝴蝶标本一样被固定在木板上。她把活动理解为学习的一个重要组成部分，这与20世纪初的学校教育形式大相径庭。她说："在我们的新观念中，活动对于心智的发展至关重要，只要是所作所为与所思所想这两者之间相互关联……心智与活动就是同一个体存在的组成部分。"蒙台梭利调整环境以适应幼儿的发展，而不是反过来束缚幼儿以适应环境的局限。20世纪初，教室里的桌椅往往做得很大，蒙台梭利采用的是适合幼儿身高的桌椅。蒙台梭利设计并制作教室里所有的木制品，她认为这样更加持久耐用。当然，在今天看来，教室里的桌椅用品就应该适合幼儿的身高体重，这似乎再平常不过了，然而在蒙台梭利用之于她的课堂时，却并非那么简单。蒙台梭利预备的教学环境还包括精心设计、安排得当的学习材料。在她看来，在一个井然有序的教学环境中幼儿才会获得最佳学习效果，这样的课堂环境要求"物理空间上的外在设置和知识结构上的材料运用"。有人对此总结道，蒙台梭利的这个观念直接影响了现今对于秩序的研究，即秩序是如何作用于幼儿的学习的。

当今的幼儿教育课堂大都与蒙台梭利的第一所"幼儿之家"的课堂环境相像：适合幼儿身高的桌椅，开放式的书架，还有各种早期衣饰框的仿制品，如"优雅贝西""时尚丹娃娃"，以及后来带有搭扣装置的"暴风企鹅"这样的玩教具。那些"天才背后的科学"之类的理论研究对于幼儿早期的读写能力发展起不到多大作用，甚至根本就没有什么作用。而蒙台梭利于此却是精心安排：大动作和小动作技能训练、书写工具的掌握、砂纸板练习或在读写中反复念诵。

蒙台梭利制作的一套数学玩教具，包括识别大小的粉红塔、识别厚度的棕色梯、识别长度的绿色小棒，可以照原样让幼儿动手操作，也可以替换为相似的玩教具，只要幼儿能够触摸、移动这些东西即可。这样的玩教具可以帮助幼儿理解"数"的概念。砂纸数字板真实再现数字的书面表达。蒙台梭利设计的由串珠构成的小计算架可以帮助幼儿操作学习十进制算法。

在幼儿工作观中，蒙台梭利将幼儿操作蒙氏教具的活动称之为"工作"，并认为幼儿是通过工作来完善、建构自己，而不是通过游戏来得到发展。在她观察和研究的过程中，发现幼儿在工作时会追求一种秩序感，喜欢独立工作，排斥成人在工作时间的干预；喜欢自由选择材料，自由选择操作时间，直至满足其内心需要。普通幼儿园的一日教育活动可由五大领域（社会、健康、科学、语言和艺术活动）组成，教师与幼儿的互动主要体现在各领域的教育活动中。而在蒙台梭利教育中，幼儿园一日教学活动主要通过幼儿工作来完成，幼儿工作是蒙台梭利教育思想的重要组成部分，是蒙台梭利教育实践的重要内容，是蒙台梭利幼儿园一日活动的重要组成部分，更是其教育目标由理论层面真正落实到实践行动上的重要途径。在蒙台梭利教育中，通过幼儿工作，将自由与秩序相连，实现幼儿的自我建构、自我完善与自我发展，实现教师对幼儿的引导。教师与幼儿的互动也主要体现在幼儿工作中。

蒙台梭利的研究和实践始于一个特殊教育环境，她用自己制作的感官学习材料吸引了那里的所有幼儿，启迪他们不断进步，最后使得他们能够通过意大利全国性的考试。在当今的特殊教育中，往往使用贴纸或者糖果作为外在奖励。如果采用蒙台梭利所设计的玩教具，对于有特殊需求的幼儿来说会更有效。幼儿会长时间地专注于他们自主选择的、有意义的学习活动，学习那些能够帮助他们自我纠错的材料，这会让他们达到一种"标准化"状态，或者说是自律状态。

现在的教育研究中开始探索有关"专注"的理论和实践。"专注"意味着精神的高度集中，同时也包含着不做判断的态度和自我觉察的意识。蒙台梭利强调幼儿集中精神学习，对这样的幼儿行为不予打扰，就是基于这个理论的指引。为了实现这样的目标，有的学校还采用了冥想的活动方式。蒙台梭利有关专注力训练的预期结果，包括持之以恒、减少冲动、带有元认知的灵活思维、通过各个感官获取信息、独立思考、在经验中进步成长等。时至今日，这样的训练依然行之有效。以上这些与当今教育界中一个最为新颖的研究思路是相符的，即"执行功能"，它包括计划、组织、记忆、时间管理和灵活思维。哈佛大学幼儿发展中心指出："在家庭环境中，在幼儿照护和教育机构中，或者在其他常规情境中，给予幼儿支持，帮助他们形成这些技能，这是社会极为重要的责任之一。"这样的幼儿教育目标其实就是蒙台梭利方法的核心所在。

3. 爱利克·埃里克森社会心理发展理论

爱利克·埃里克森（Erik Erikson）的理论具有历史意义，在分析一个人从出生到死亡的生命周期中，提供了一个时间框架。埃里克森理论告诉幼儿教师，生命是一个周期，这个周期是周而复始、螺旋向上的。同时，也说明幼儿教育应该聚焦于幼儿所形成的人际关系，起初是与家里的成人形成的关系，后来随着幼儿的世界变得更为广阔，则是与其他成人和幼儿形成的关系。

如果应用到教学或照护中，这就是一个非常复杂的理论。有的理论着眼于复杂性和不确定性，甚至是建立于质化的、叙述性的数据。有的理论则强调条理性和可预测性，依赖量化分析，认为数字比文字更清晰明了。埃里克森社会心理发展理论属于前者，因为这个理论着眼于人的发展的复杂性，致力于人的发展所形成的社会环境。

埃里克森把学前期称为"游戏期"，因为游戏是这个阶段幼儿的主要兴趣，也是他们的主要活动形式。他在精神分析工作中也把游戏作为一种治疗方法。他认为通过假装游戏，幼儿能够探究自己可以成为什么样的人。学前期幼儿在参与假装游戏的时候，扮演不同的角色，理解权力等级结构等。幼儿在这个阶段形成目的意识，埃里克森称之为"主动性"。假如幼儿在这个阶段受到太多的局限或压制，就会形成一定的愧疚感。

3～4岁的幼儿同伴之间的相互关系具有重要作用，学前期的教师对此往往感到不可思议。但总的来说，学前期幼儿与教师的关系才是最为核心的，因为只有教师才能在这个阶段的幼儿的心中激发适度的良性愧疚感。要么是教师的一句简单的语言回应，要么是教师的一个眼神，要么是教师对幼儿行为的奖惩。

学前期幼儿与成人的关系应较为稳固，也应该根据每个幼儿的具体情况而有所不同。在幼儿学习社会中"对"与"错"的公序良俗时，如果成人能够向他们解释对错的缘由，并且对幼儿的不当行为做出公正的、合理的纠正，那么幼儿对行为规则的习得就会形成一种群体共建的意识。当幼儿的社会行为不太恰当的时候，成人和幼儿可以一起想办法，最终目的是让幼儿自己去解决问题，自己修补与其所伤害的人际关系。有时候只要简单地说一声"对不起"就可以了，但如果能具体地帮助一下"受害人"就更好了。假如一个幼儿撞倒了另一个幼儿搭好的积木，成人可以帮助他们制订一个双方都能接受的方案，这样就可以让伤害行为的双方都能领悟协商和妥协的力量，并且修正他们之间暂时受损的人际关系。"说出你该说的话"，这是很多学前课堂中的一句常用语。语言可以表达情感，包括好的情感和不好的情感，包括你、我及所有人的情感。

埃里克森是治疗师，并不是教师。他建构自己的理论时并没有去思考这个问题："我们应该如何教育幼儿？"他聚焦于一个人如何通过完整的生命周期，形成良好的情绪和社会关系，从而应对生活中的种种问题。虽然如此，但是这个理论对于幼儿教师还是有所启示的，这也是这个理论的逻辑中的应有之义。

4. 尤里·布朗芬布伦纳的生物生态理论

尤里·布朗芬布伦纳（Urie Bronfenbrenner）毕业于康奈尔大学，学的是心理学和音乐专业。他在哈佛大学取得了硕士学位之后又就读于密歇根大学取得硕士和博士学位，然后加入了康奈尔大学幼儿发展和家庭关系学院，几乎整个职业生涯都在那里度过。他提出并推进了人类发展生态学的发展（在20世纪70年代和80年代）——后来被称为"生态系统理论"（在20世纪80年代末和90年代初），现在被称为"人类发展的生物生态学理论"（从20世纪90年代中期开始）。很清楚的一点是，他的理论方法与他在其他主题上的写作没有任何区别，他对幼儿发展的思考和帮助家庭的方法都是以他的理论为基础的，并有助于发展他的理论。他一贯将生态学的方法纳入他对幼儿和家庭的研究。与生物学一样，生态学指的是生物体与其生活环境之间的关系，布朗芬布伦纳认为，理解幼儿或促进家庭发展的唯一途径是在其自然发生的背景下研究它。

在布朗芬布伦纳理论的最后形式中，个人和情境是两个重要的概念。不过，它们并非最重要的概念，最重要的概念是被他称为"近端过程"的"过程—个人—情境—时间"模式。近端过程是发展中的个体参与的日常活动和互动，也被称为"发展的引擎"。在整个生命的过程中（尤其是在生命的早期阶段），人类的发展是通过积极进化的生物心理学意义上的人类有机体与其周围环境的人、物体和符号之间逐渐复杂的相互作用过程来实现的。为了使互动有效，这种互动必须在相当长的时间内有规律地发生。这种在直接环境中持久的互动形式称为近端过程。不仅如此，他还指出近端过程同时受个人特征、情境和时间的影响。影响发展的近端过程的形式、力量、内容和方向会系统地发生变化，这些变化随着发展中个人的特征、发生过程的直接和间接的情境，以及所考虑的发展结果的性质的变化而变化。布朗芬布伦纳以一种乐观的方式来描述近端过程，"发展结果"要么是提升能力，要么是减少他所谓的"功能障碍"（帮助个人在他们所处的情境中做得比预期好）。换言之，一个被期待在学校里有良好表现的孩子，通过参与大量富有挑战的活动，以及积极地与教师和同龄人进行互动，会变得越来越有能力。与之对照，一个正在努力应付学校要求的孩子如果积极地参与活动、与教师和同伴进行互动，就可以减少他在学校犯错的可能性。这些近端过程是保护幼儿避免这些早期冲突所带来消极后果的一种手段。

布朗芬布伦纳的理论能让教师更清楚地思考那些不同的和看似不相关的因素往往会影响他们在课堂上与幼儿顺利地相处。值得注意的是，大多数对布朗芬布伦纳理论的简要讨论都将这些理论简单地描述成一种只涉及不同层次的情境，以及他们各自如何影响发展的理论。教师深知，学生参与的与学校有关的活动，以及他们与教师和同龄人之间的互动（也就是近端过程），对他们的发展非常重要，尤其是在学校的早期阶段。这些活动和互动如何展开显然部分取决于参与其中的个人（学生和教师）的个人特征，部分取决于环境、家庭、更广泛的社会经济或族裔背景。相比之下，如果教育工作者只关注幼儿的个人素质，或者只关注他们的课堂设置，或者只关注他们的家庭背景，那么幼儿的教育和发展就会受到阻碍。布朗芬布伦纳的生态系统理论可以帮助教师确保学生的茁壮成长。

5. 列夫·维果茨基的相关理论

列夫·维果茨基（Lev Vygotsky）十分关注发展路径的概念。在他的理论中，研究者必须考虑幼儿的社会发展状况，它随着发展的不同时期而变化，并且幼儿的个性与社会环境在各个年龄层次上是动态的关系。幼儿的人格结构是在关键时期的发展过程中出现和形成的。维果茨基把发展路径认定是结构性的，将它们置于幼儿人格和意识的发展中，其中，结构性的变化与幼儿言语等中心功能的发展有关。这种发展功能的路径可以根据幼儿的社会发展状况进行诊断。维果茨基提出的观点是，发展路径根据它们与幼儿发展年龄的关系来决定其处于中心或是边缘。例如，幼儿在2岁时，语言是发展的中心线，而手指和脚趾的探索是边缘。幼儿在学龄期，幼儿言语的持续发展与这个年龄段的新中心的形成（例如焦点变为学习阅读的书面符号）有着完全不同的关系。因此，在学校学习阅读和写作时，言语必须被视为一种边缘发展。在维果茨基的理念中，发展路径不能分为生物学的、环境的和心理的，而是交织在一起的。这种关系中，环境不是幼儿之外的东西，而是"发展的环境，是不涉及幼儿客观条件的总和"，正如他所说的"在每个年龄段的开始，幼儿与围绕他的社会现实之间，都会发展出一种完全原始的、排他的、独特的、针对特定年龄的关系。我们把这种关系称为特定年龄发展的社会关系"。

社会环境是幼儿逐渐获得所有特定人类属性的根源。它是幼儿个性发展的源泉，建立在"理想"和"现在形式"属性相互作用的过程中。在不同的时期，不同的发展路线占据主导地位，这些路线就是"发展的社会关系"，即在一个特定的年龄结束时，幼儿变成了一个完全不同于他在这个年龄开始时的存在。但这也必然意味着，在任何年龄开始的时候建立在基本特征上的社会发展状况也必须改变，因为社会发展状况是特定年龄的幼儿与社会现实之间的关系系统。换言之，维果茨基认为，幼儿的年龄不能作为确定实际发展水平的可靠标准。确定实际水平需要能够诊断幼儿发展的研究，并把重点放在可靠的特征或功能上。

维果茨基教育方法的一个特点是，他和他的学生不能只是把课堂看作应用学习发展理论的地方，还将其作为研究幼儿发展的"实验室"。因为在他看来，幼儿的发展由社会背景塑造。这种方法可以延伸到为有特殊需要的幼儿设计的项目，以及那些旨在取代父母照料的项目，如孤儿院和寄宿学校。将所有这些不同背景下的研究资料整合起来，使得维果茨基和他的学生提出了丰富的理论，用于描述社会背景下幼儿的发展。

因为社会发展情境代表了特定时期发展中所有动态变化的初始时刻，所以它决定了幼儿获得更新的个性特征的形式和途径，这些特征从社会现实中汲取，就像从发展的基本来源中汲取一样，从社会途径变成个人途径。对维果茨基来说，幼儿早期并不是一个按时间顺序排列的概念。它与童年中期有质的区别，它由三个不同的时期或"年龄段"组成，每个年龄段都建立在前一个年龄段的基础上。婴儿期指的是幼儿从出生到大概12个月龄的时期；幼儿期（维果茨基所说的"早期"）指的是12~36个月龄；学龄前期指的则是从36个月龄一直到上学之前，包括西方所说的幼儿园时期。我们发现维果茨基的这种观点与让·皮亚杰的阶段理论有一些相似之处，不过，维果茨基的"年龄段"既是社会形态，也是生物构造。从婴幼儿时期到学龄前和小学阶段的每一个年龄段，都是以幼儿心理过程结构所发生的系统变化来界定的，也是由幼儿在独特的"社会发展情境"中成长所产生的主要发展成就来界定的。维果茨基认为这种社会情境既是发展的"发动机"，也是发展的"基本来源"。这一观点决定了维果茨基的研究方法是从一个年龄阶段过渡到下一个年龄阶段。

要描述维果茨基的幼儿教育方法，就不能不提及他对游戏的看法。基于维果茨基的帮助下的游戏方法，让游戏不仅是学龄前期和幼儿园阶段的主导活动，也是文化—历史理论的主要原则实际应用的例子。虽然维果茨基主义者与其他许多幼儿发展理论家一样都相信游戏的重要性，但他们对游戏的定义和成人在游戏中帮助幼儿的作用的看法是独特的。首先，在他们把游戏定义为主导活动的过程中，维果茨基把重点放在一种特定的游戏上——通常被称为"假装的、社会戏剧性的或虚拟的游戏"，而忽略了其他许多类型的活动，如运动、游戏、物体操作和探索，这些活动被大多数教育者和非教育者称为"游戏"。此外，在维果茨基及其学生的著作中，他们所谓的游戏特征是后来被称为"完全发展的"游戏形式，而不是学步期幼儿或较年幼的学龄前幼儿在启蒙阶段所玩的游戏。

维果茨基认为这种"完全发展的"游戏主要有三个特点：幼儿创造一个想象

的场景，扮演和表演角色，遵循由特定角色决定的一系列规则。每一个特征都对幼儿的发展起着重要作用，可以将其理解为幼儿高级心理机能的发展。在想象的情境中进行角色扮演，要求幼儿做出两种类型的动作：外部动作和内部动作。在游戏中，这些内部动作，即"有意义的操作"仍然依赖于对对象的外部操作。然而，内部动作的出现标志着一个幼儿开始从早期的思维方式——感觉运动和视觉表征向更高级的象征性思维过渡。因此，虚拟游戏为两个高级心理机能——思维和想象奠定了基础。

与人们普遍认为的幼儿需要想象力的观点相反，维果茨基主义者认为想象力是游戏的产物，当幼儿不再需要玩具和道具作为物理"支点"来帮助赋予现有物体新的意义时，想象力就会出现。

根据维果茨基的观点，另一种促进高级心理机能发展的方式是促进有意的、刻意的行为。维果茨基的游戏观与其他理论不同，其他理论将游戏视为一种活动，在这种活动中，幼儿完全不受任何约束。此外，维果茨基的学生丹尼尔·埃尔科宁（Daniel Elkonin）详细阐述了维果茨基的观点，提出了"文化—历史"游戏理论，也称为"有意行为学派"。

这种游戏特征之所以成为可能，是因为幼儿扮演的角色、他们使用的装扮道具，以及他们在扮演这些角色和使用这些道具时需要遵守的规则之间存在着内在的联系。对于学龄前幼儿来说，游戏是他们参与的第一项活动，在这项活动中，幼儿不是被这个年龄段普遍存在的即时满足的需要驱使，而是被抑制其即时冲动的需要驱使。

维果茨基游戏理论的另一个决定性原则是它的社会文化本质。由于不同文化背景下的幼儿在发展过程中所处的社会环境不同，游戏在其发展过程中的作用也不同。在前工业文化中，游戏的主要功能是为了让幼儿为参与明确定义的"成人"活动做准备，而现代游戏则是非实用主义的，没有为幼儿准备特定的技能或活动，但是让幼儿为今天的学习任务及人类尚不能想象的未来任务做准备。维果茨基通过"文化—历史"观来看待游戏，这意味着游戏不是自发地出现在某个幼儿身上的东西，而是由幼儿在与其他人的互动中共同建构的，这些互动的性质和程度由社会环境决定。虽然由年长幼儿担任游戏导师的多年龄游戏小组曾经是幼儿文化的一个共同特征，但如今在许多西方国家，这种互动越来越少，这就使得越来越少的幼儿能够在读完幼儿园后达到"充分发展"的游戏水平。随着越来越多的幼儿在幼儿园和学前班与同龄孩子一起度过，教幼儿如何游戏成了成人的责任。

（二）行为观理论

1. 伯尔赫斯·弗雷德里克·斯金纳的相关理论

在伯尔赫斯·弗雷德里克·斯金纳（Burrhus Frederic Skinner）看来，心理学应当是应用科学方法研究包括人在内的有机体行为的一门科学：有机体的行为和外部环境之间存在着确定的函数关系，心理学则是研究这类函数关系的具体内容。在内外环境中寻找与人类行为有关的变量，然后通过操纵各种变量，可以预测和控制人类行为，进而使人类行为研究成为科学。因此，行为科学包括了一套改造人行为的行为技术，可以运用于对人类行为的控制，此即斯金纳所谓的"行为工程"。他主张行为工程不应该是零散的，而应该对社会文化进行总体化的文化设计，但设计方案实施应该逐步推进。他设想了名为"瓦尔登湖第二"的行为工程社区，描绘出行为技术治理的理想社会——它之所以是理想社会，不在于社会成员是否喜欢，而在于最可能在进化长河中生存下来，因为"考虑自身生存的文化是最可能幸存的"。斯金纳认为，人或动物在一定的条件下，为了达到某种目的会做出一系列的行为，强化总是伴随着这些行为目的而做出的行为，肯定这些行为（奖励、表扬等）或否定这些行为（惩罚、训斥等），在一定程度上会影响这些行为在日后发生的概率。若该行为对人或动物产生有利结果，这种行为就会重复出现，发生的概率也会增加；反之，若该行为对人或动物产生不利结果，这种行为就会消退，出现的概率也会降低。

基于行为的程序设计的一个基本原则是在实施干预条件之前、期间和之后仔细记录和分析幼儿的表现，也称为"数据驱动决策"。这使得干预者能够确定干预成功的程度。如果幼儿的行为没有朝预期的方向发展，干预者可以检查干预效果并提出问题——"我们可以采取什么不同的措施来加强学习？"更重要的是，要密切和频繁地监测干预的有效性，这样可以防止长期执行无效的干预措施。应用行为分析的基本过程实际上就是分析的过程。因此，如果幼儿接受的教育没有指导他们的学习，那么就要对干预条件进行系统分析。此外，决策应当基于幼儿的表现，而非干预者和幼儿照顾者的主观意见。当一组个体被系统地训练并记录行为的发生或缺失时，这些被记录的信息足以表明已成功干预，不需要依赖该组照顾者的记忆或观点。这种客观的衡算记录标准是应用行为分析最大的优点，同时也可能会对那些用其他方式做出决策的人构成威胁。

斯金纳研究的另一个应用是关注刺激、反应和后果三种偶然性元素的构成。确保幼儿环境中的干预者能够给予恰当的刺激后（如一种形状、一种颜色、一个物体、一次社交机会），一旦期望行为出现（如能够识别形状、颜色、物体的商标及学会社交礼仪），如果强化其行为，这种期望行为就会有所增加（如技能的获得）。同样重要的是，干预者要了解他们可以做些什么来增加期待反应发生的可能性。为增加幼儿做出所需反应的可能性而提供的帮助称为"提示"。提示可以在同一时间给予，也可以在辨别性刺激（应该引起行为的刺激）后给予。提示的类型包括口头提示（告诉幼儿该做什么）、动作示范（示范指令的动作帮助幼儿理解并完成）、身体提示（通过接触幼儿的身体帮助他完成正确反应）或手势提示（使用面部表情或手势向幼儿指示应该做出什么反应）。这些称为"反应提示"，因为它们是针对幼儿的。其他类型的强化物包括刺激强化物，需要干预者操纵一个刺激提示，以确保幼儿做出干预者期望的反应。刺激提示包括将正确的选择移近幼儿，以某种方式突出正确的选择（例如用彩色纸、让它变得更大等），以便引起幼儿对正确选择的注意。也可以是具体生动的视觉提示（如符号、图片、文字），向幼儿表明他们应该做出什么反应，在何时做出这种反应。

给予幼儿提示不仅能确保他们做出反应，而且会强化他们的反应。因此，只要提示能够系统地传递给幼儿，幼儿就会做出正确的反应，对正确反应的强化会增强其未来的正确反应。随着提示的渐退（逐步撤销提示的过程），控制刺激就不再发挥作用，而原始刺激会在一定的情境下发挥作用（原始辨别性刺激）。刺激有几种渐退策略，最常见的是逐步降低提示强度策略，即使用最大强度的提示来建立反应，然后提示逐渐消失，幼儿开始单独对辨别性刺激做出反应。另一种非常有效的即时渐退策略叫"延长等待时间"。在延长等待时间的初始阶段，应在辨别性刺激之后立即给予提示。然后，干预者在教学时机中，在给予辨别性刺激和提示之间插入等待时间。如果幼儿在等待时间内做出反应，则给予强化；如果他不能做出反应，则给予提示。

斯金纳在其研究的基础上，论证了行为（因变量）与影响它的外部条件（自变量）之间的关系，并把其称为"功能分析"。功能分析展示了正在实施的干预之间的功能关系（前因后果）和期望的行为。这样，每个幼儿都有了学习的潜质，教育者和干预者应当调整和改进教学，以便促进学习的产生。毋庸置疑，这是一种比较乐观的情况。行为主义者并没有将糟糕的结果与内在特征联系起来，而是假设糟糕的结果是环境和经验造成的幼儿个体行为的结果。当环境因素和经验被确定为干预者时，人们可以设计预防和干预方案以改善结果。

2. 洛瓦斯的相关理论

洛瓦斯（Lovaas）的研究通常与自闭症有关，他的治疗方法，从理论基础到对父母、治疗地点和治疗强度的选择，至今仍是自闭症幼儿干预治疗的关键组成部分。洛瓦斯方法，现在被更广泛地称为"早期强化行为干预"，代表了自闭症治疗的一个转折点，洛瓦斯干预方法所依据的原则是如何在不同的环境中实施干预。洛瓦斯的研究显示，幼儿的最佳受益期是在幼儿和学龄前阶段，因为在这个时期他们获得的包容性机会更多。

融合教育指的是让大多数残障幼儿进入普通班并在普通班学习的一种方式。组合教学，有些是典型的同伴教学，有些是一对一的分散式操作教学。融合教育研究表明，幼儿在组合教学下，在社交和适应性发展方面都有所改善，并且自闭症的症状也相应地减轻了。

在为残疾幼儿设计教育计划时，教师可以根据幼儿的具体需要安排强度方面的内容。分散式操作教学干预的步骤中，在确定了要教授的技能后，应该确定对每个技能来说最有效的强度水平。这需要仔细考虑若干因素。如果该技能与幼儿的兴趣有关或者属于幼儿的优势，那么幼儿就可以自然地习得；反之，如果之前缺乏对幼儿进行此类技能的训练（对此类技能不感兴趣），或幼儿在过去努力获得此类技能却没有掌握，那么使用分解式操作教学中的重复练习和教师指导可能会更有效。同样，如果幼儿正在做出问题行为，分解式操作教学可以更有效地在短时间内教授幼儿正确的替代行为。在分解式操作教学中掌握的技能，可以迁移到更自然的环境中进行泛化。

因此，对于某一特定幼儿的每一项目标技能，应决定包括教学内容在内的教学强度（剂量形式）、每节课发生的频率（剂量频率），以及每节课提供的机会（剂量）。这些考虑因素随着幼儿的不同和技能强度的连续性（更自然的分解式操作教学）的不同而变化。

（三）批判观理论

1. 米哈伊尔·巴赫金的对话理论

作为苏联的"大家"，米哈伊尔·巴赫金（Mikhail Bakhtin）被后世赋予了众多的头衔，文艺学家、文艺理论家、批评家、世界知名的符号学家等。在巴赫金丰富的学术思想中，最引人注目的便是他所创造的对话理论。纵观巴赫金的学术思想，自由、平等的对话精神一直是他所追求的，对话理论则是对这一精神的最精准的描述，巴赫金认为对话是人类存在的方式。而与当今后真相时代下人们对真相的忽视一样，巴赫金对话理论的提出则是源于当时的哲学领域内逐渐充斥的实证主义色彩和逐渐淡化的对人的关注，也正是基于当时的情况，巴赫金开始了对于人的存在方式的思考。巴赫金认为对话最重要的还是体现了人类生存的本质。人们通过对话这一形式来表达自己的观点和倾听他人的意见，在倾听和表达的过程中进一步引发对问题的思考。人类的价值就体现在这些思考中，与此同时，这些思考所反映出来的每个人的价值都应该得到平等的尊重和关注，反过来，对每个人价值的尊重和关注又进一步推动着平等交流关系的构筑，在这种平等交流的关系中，人们进一步认识自我、发展自我。这些思想也就是巴赫金理论思想中的人文精神与人文关怀，反映了巴赫金对权威和极权的一种挑战。

巴赫金认为，语言在塑造幼儿人格的过程中扮演着核心的角色。将形式（单词、声音、身体动作）与内容（形式的含义、语调等方面的影响）结合起来，是语言发展的最早起源。巴赫金认为，形式在话语中的位置是不可分割的，因此他把注意力放在了复杂而微妙的对话空间，幼儿在这个空间获得了意义。这些社交空间充满了复杂性，并出现了口头语言之外的语言使用。它们包含了语言的许多特征，这些特征确定了它们的意义、幼儿对它们后续的（通常是创造性的）使用，以及它们对幼儿个性发展的影响。

从对话性的角度来看，早期的语言不再被看作为了学习某些所谓的世界上进行有效沟通的代码而传递语言的情况。相反，巴赫金认为，人与人之间的语言——对话是"意识形态演变"的终生旅程。所谓的"习得"与语言或认知习得（尽管这可能是经验的意外收获）关系不大，重要的是要关注创造性发展人格，因为其处于一个复杂多变且包罗万象的交际世界。这不仅是与幼儿相关的议程，而且是与所有人相关的。

巴赫金的语言观开启了一种可能性，他认为幼儿不仅仅是语言的接受者和传播者。由于巴赫金十分强调语言并不仅仅是说话，所以他更倾向于将幼儿当成对话的伙伴，而非当成语言新手这一观点。毫无疑问，在幼儿时期，关于成人的语言有很多需要学习的东西，而对话的方法表明还有其他的语言，无论是看得见的还是看不见的，都会对异质语空间的形成有所贡献。鉴于此，应当为幼儿提供一种更丰富、更广阔的对话视野。此外，巴赫金对语言进行了阐释，将对话视为一种充满情感和与他人建立关系的鲜活事件。成人与这一概念有着密切的联系。为了与巴赫金的对话规则相一致，对话理论建立了一个框架。这个框架考虑了幼儿教师作为语言理解的中心来源参与幼儿生活中"语言对话"的重要作用。这是当代幼儿教育的一个重要议程，因为教师的角色对解释和参与幼儿的语言活动十分重要，并且是鉴别幼儿教育课程学习成效的主要来源。

把幼儿的语言理解为复杂的话语链的一部分，强调每个幼儿可能给语言带来的独特意义，以及意识到这些语言可能产生的变化意义。在幼儿教育背景下，话语强调了家庭在幼儿生活中的重要作用，并暗示教师要充分理解幼儿的语言，因为这是一个极好的洞察力的来源。根据巴赫金的观点，语言在任何社交实践中都不会被孤立，因为很难将幼儿视为多种话语或语言的使用者。这对幼儿在离家后进入早期学习环境尤为重要。一个幼儿不管年龄多大，如果没有丰富的言语体裁作为基础，他很难在很小的时候成功地运用语境之外的话语。在巴赫金的概念中，这些话语可以被战略性地用来产生新的意义。他们甚至可能成为教师个人和职业上的冲突，因为教师意识到他们不能一直控制所学的内容或对语言进行解释。

巴赫金曾说："并非所有的语言都能轻易恰当地表达，轻易地占有并转化为私有财产：许多词语顽强地抵抗着，其他词语仍然是外来词，从那些盗用它们的人的嘴里说出来的这些词，让人听起来感到陌生，这些词不能被其所在的语境同化，也不能脱离语境而存在，说话者的意图—被灌输—被过度灌输—变成其他人的意图。占有它，迫使它服从自己的意图和腔调，是一个困难和复杂的过程。"这提出了异质语的体裁和边界。巴赫金将异质语描述为："用他人的语言，说出他人的话语，以折射的方式表达作者的意图。"

巴赫金的对话理论让教师思考了幼儿教育背景下日常对话语言的复杂性。利用话语和异质语的关键概念，可能会对幼儿语言的微妙之处有更深的认识，且认识到他们在日常学习活动中的主动性和反应的重要性。在采取这种方法时，需要注意的是体裁的选择和所在的社交场所，而不是只关注语言形式的习得和传播。同时，我们也要关注语言的充分使用及其方向，因为这有可能超越了所说的话本身的含义。我们甚至可以把很小的孩子视为与我们对话的伙伴，然后从对话的角度去看待这些对话，进而就会发现，孩子可能（实际上确实是这样）会使用一些不着边际的、从多个地方学到的话语层次来表达他们的意图，并把它们组合成复杂的语言，就像他们在早期通过异质语来形成他们说话的方式一样。这些发现为将早期语言重新视为对话创造了一个生动而深刻的场景。

2. 约翰·杜威的相关理论

约翰·杜威（John Dewey）是美国有史以来最著名的哲学家之一。他的研究领域涉及哲学、心理学和教育学，最著名的是在教育方面的研究。杜威不仅是最受欢迎的教育哲学家之一，也是他所处的时代的名人。人们称他为"第二个孔子"，因为他的思想在世界上的很多国家，特别是在中国产生了广泛而深远的影响。

杜威课程观的出现改变了课程发展的方向，在世界课程史上掀起了一场革命。贡献之巨大，影响之深远，不言而喻。无论是在传统课程观的批判层面还是在自身理论的创新层面，它对今天的课程发展都还具有不容撼动的启示作用。杜威思想自进入我国以来，主要经历了引入推崇期、极端批判期和理性认识期三个阶段。或冷或热的"杜威潮"对于该思想的认识都略显偏颇，直到20世纪80至90年代，众学者才开始对杜威教育思想进行实事求是的解读与评析。

杜威在世界教育史上有着举足轻重的地位，他的知识观、学习观与发展观对过去的认识具有一定的颠覆性。首先，在学生发展方面，他认为学生的发展就是学生经验的发展。发展是获得真正需要的经验（包含直接的经验，也包括间接的经验），而不是仅仅从心灵里获得某些东西的意思。学生的发展也就是学生的生长，这在他的教育本质观中有所反映。杜威认为"教育即生长"（education as growth），而"生长"（growth）一词本身的抽象性与模糊性，使其生动的内涵不能被有些教育理论研究者与实践者所把握。实际上，"growth"也可译为"发展"，"education as growth"也被译为"教育即发展"。因此，可以说教育学生的过程即发展学生的过程。其次，在知识学习方面，杜威所理解的知识学习主要指通过各种活动获得解决问题的资源和工具。因为知识是"探索的结果和进一步探索的资源"，学习是各种发展性活动，学习必须在"做中学"。杜威指出，教育者在做教学计划时及在教学中必须考虑幼儿的四个关键动力或资源。

第一，幼儿是社会性的。杜威认为语言是最简单的社交表达方式，因此也是一种非常重要的教育资源。他指出幼儿总是有想要说的话，有需要说出来的话，幼儿总有思想要表达，而思想除非是自己的，否则就不能算是思想。杜威批评了传统的教育环境，他说在这种环境下，幼儿大多数时候都保持沉默，只有极少数的时刻，如在被要求回忆一个预先确定的问题的答案时，才会开口说话。在杜威的心目中，教室是一个微型社区，没有交流，社区是不可能形成的。因此，教师应该意识到幼儿交际需求的天性并将其发挥出来。幼儿需要有交流的理由，交流的本质应该是被引导而不仅仅是被灌输。我们应当让幼儿在社会关系中成长，增加对幼儿世界的理解，确定他在世界中的角色。例如，芝加哥杜威实验室学校的幼儿学习一门外语时，会在实际的社交场合中使用它。当他们坐在一起吃午饭时，会使用与食物有关的单词来表达。

第二，幼儿喜欢建构活动。杜威认为幼儿是通过游戏、运动、想象来构建与他人的交流。他们通过搭建具体的东西促成与他人的交流，这些经常可以在幼儿的游戏中看到。杜威认为，幼儿通过在游戏中使用具体的物品来扩大他们对世界的理解和与世界的联系。正如杜威所言："他们从属于现实存在和理想所指之间。"他认为童心其实是对物品和经验的一种态度，比游戏本身更为重要。好奇心和童心代表着幼儿的思维品质，它们是幼儿探索可能性的起点。他还主张，游戏的主题应该与幼儿的经验紧密相连。考虑到这一点，杜威实验学校开展了与家有关的游戏和活动，包括制作家具、照料花园、建造一个配有厨房及厨房用具的游戏室等。之后，扩大幼儿的活动范围，让他们了解社区和社区内不同形式的交通工具。从幼儿园进入小学早期阶段时，他们会扩展这些经验。例如，他们建立了一个城市模型，其中包括对城市分区和发展模式的深入理解。

第三，幼儿喜欢调查。杜威指出，幼儿是活跃且充满好奇的。他认为教师有责任引导幼儿与生俱来的动力以达到教育目的。教师必须在教室里创造空间，引导可能性，而不是预先确定。此外，他们必须抵制将注意力集中在已经在自己头脑中解决的问题上，无论这涉及特定的学科类别（例如这只是一堂数学课）还是特定的答案。杜威认为，如果一开始就从成人的观点出发，会扼杀幼儿的调查能力，还会使调查结果大打折扣。

在杜威的实验学校里，幼儿会探索原始武器（例如箭头）的本质。在这些初步的探索中，幼儿会测试不同的材料，以确定它们的硬度和柔韧性。在讨论了铁器时代之后，他们开始探索不同的金属和其他材料。根据这些经验，幼儿学习了燃烧原理，以便确定建造熔炉的最佳方法。他们最初的设计没有成功，不得不回去研究气流和不同燃料的影响以改进设计。对于这样的调查方式，杜威指出，这些操作指南不是现成的，而是第一次需要用到的，并且需要通过实验来获取。幼儿随后使用铜等材料尝试锻造各种工具。他们用不同的金属（如铁）锻造了同样的工具，然后设想在某些材料有限的情况下，可能会对不同地理区域造成什么影响。接着，他们进一步探索了农业社区、军事优势等所需的地质条件。经过深入的讨论，他们制作出了不同社区的沙盘。这样，即便非常小的幼儿，也能接受如此显著的教育经验指导，以便理解和建立地质学、物理学、地理学、人类学和历史学之间的联系。这种类型的教学工作如何在幼儿教育的教室里开展呢？杜威指出，幼儿在整整一年的时间里，每周都要花 5 个小时来完成这项工作。

第四，幼儿喜欢通过艺术的形式来表达自己。杜威认为，生活的规律可以通过艺术的形式表现，而教育者必须意识到艺术和生活之间的动态关系，这样才能创造出空间，让幼儿在这些规律中找到自己的位置。杜威说过在诗歌、绘画、建筑设计和音乐出现之前，自然界就有了规律。如果不是这样，规律作为一种基本的属性形式只会附属于物质，而不是物质影响自身行为的巅峰体验。

杜威进一步声明，幼儿不仅是这种规律的旁观者，他们也是规律的一部分，是通过时间和地域将自己与他人联系起来的一部分。因此，幼儿教育工作者需要为幼儿提供在这种规律下表达自己的机会。

在杜威的实验学校里，他们把纺织实验室作为实现这一目标的一种手段，同时在这一过程中整合了多个学科。孩子得到亚麻、棉花和羊毛来检验和比较。然后他们对材料进行加工，同时了解这些原料起初是如何加工的。他们比较了每种材料的纤维，以及这些纤维是如何共同作用产生不同质地和功能的织物。他们参与了从生产原料到布料生产（梳理、纺纱、织布）的整个过程。杜威指出：孩子以历史的顺序初次尝试创造和制作，通过不断试验将其制作出来。这样他们就可以看到其中的必要性，且这种必要性基于社会生活模式……

这些孩子在给羊毛染色时还研究了羊毛的化学性质。此外，他们还会研究美洲土著人的毯子图案，以设计属于自己的图案和编织自己的毯子。他们将生产的规律和美的事物相联系，这是需要经过几个世纪练习的过程，孩子可以表达一些美的东西，这具有历史和社会意义。

为幼儿创造成长和发展的条件至关重要。为此，教师有责任改变课堂环境，以确保幼儿的经验更具教育意义。换句话说，教师应当将自己的发展需求与幼儿的成长同步。要做到这一点，教师需要养成经常思考的习惯："我怎样才能让幼儿的经验更具有教育意义？"然后系统地反思自己的课程要素和教学环境，从而实现这一目标。然而，在没有一些方法或帮助的情况下进行这种程度的探究，对教师而言可能是一种挑战。一个平台或框架，有助于形成满足幼儿教育课堂各种要素所需的支架，以便教师在这一背景下做出正确的判断。

可以说，幼儿教育课程的两个重点就是杜威在芝加哥创办的杜威实验学校所强调的，即经验和成长。正如杜威在他的教育著作中所写的那样，教育者需要为幼儿规划有高度教育性的经验，以促进个人的成长和社会的发展。正如他在芝加哥的实验学校所示范的那样，当教师以某种程度的结构来制订他们的计划并讨论计划的结果时，他们就可以做到这一点。拟议的规则可以以非常实际和有意义的方式发挥作用。不过，正如在杜威的传记中提到的，他的作品涉猎广泛，内容庞杂。所以，大多数幼儿教育工作者不太可能有机会或渴望对他所著的关于学习、探究和民主方面的著作进行研究。人们也认识到，许多资料试图总结杜威的研究，但他们的总结往往不到位甚至歪曲了他的想法。这里提供了一些背景，希望幼儿教育工作者将使用评估准则作为一种手段，评估他们为学生提供的经验，并探索使这些经验更具教育性的途径。

3. 保罗·弗莱雷的相关理论

保罗·弗莱雷（Paulo Freire）是巴西著名教育家，被誉为"拉丁美洲的杜威"。

对话是弗莱雷教育思想的重要内容，他倡导提问式教育，构建对话式师生关系。他的《被压迫者教育学》一书深刻影响了部分第三世界国家和许多发达国家的教育及社会理论的发展，该书希望通过对话来达到解放教育的目的，培养具有批判意识的人。

弗莱雷明确提出了教育即解放的主张。他将"压迫"视为统治阶级将自己的意识强加给人民的状态，教育领域中的压迫即教师站在压迫者阶层，对学生进行驯化教育，使学生受到教师的束缚与控制。弗莱雷指出要反抗压迫现状，就必须进行解放，要解决教育场域中的压迫问题，就要进行解放教育。弗莱雷所提出的"解放"本质上是为了人，是指人的意识觉醒，从而达到精神和思想上的解放，为了阐述解放教育，他将教育类型分为驯化教育（表现为灌输式教育）和解放教育（表现为提问式教育）。他倡导提问式教育，而实施提问式教育的重要途径便是注重对话。

首先，对话使得教育中的师生关系发生改变。由过去的讲解式师生关系转变为对话型师生关系，前者为一个人通过讲解强加另一个人的状态，后者是一种和谐师生关系的存在形式，双方互为主体、共同发展。

其次，对话的内容在主题下生成。弗莱雷批驳过往自上而下的单方面教育，选择内容从不考虑学生的现实需求和生活实际，使学生无法进行重要的选择，只能接受预设内容的规范，而主题内容生成式的对话需要师生之间共同来选择主题中的教育内容，具有生活性与开放性。

再次，对话的实现需要一定的条件，分别是平等、爱、谦虚、信任、希望及批判性思维，对话的项目内容可以建立在这些条件之上。

最后，对话的目的是产生觉悟。弗莱雷将人的主体意识分为三个层次，分别是神秘意识、幼稚意识与批判意识。神秘意识是没有从传统文化教育的束缚中脱离出来的意识，具有神秘意识的人思维停留在无转变思想阶段，此阶段为意识发展的最低阶段，人们的意识具有宿命论倾向，无法清晰深刻地认识到压迫现状，不敢思维与反抗，意识具有封闭性。随着人们认识能力的提高，思维过渡到半转变思想阶段，在这一阶段中，人们具有一些变革的思想并会采取一些行动，但未能完全脱离传统文化教育意识的束缚，因此，处于该阶段的简单性意识就是一种幼稚意识。而批判意识是人意识发展的最高阶段，是一种解放了的思想意识，在批判性转变阶段中产生，处于此阶段的个体能够批判性地认识现状并进行反思和行动，表现在主体喜爱对话，能够理智地认清现实并对现实进行不断改造，批判意识具有开放性，其实质是一种觉悟，教育即解放，解放的实质就是产生觉悟。

弗莱雷对话理论批驳灌输式教育中的被动式教学，在这种教育模式中，教师成为教育的讲解人、支配者，而学生则沦为教育的听众、被支配者者，师生之间彻底变为一种单向度信息传递的关系。事实上，真正的讲解蕴藏着教师说理与学生思索的统一，而作为知识传授者的教师也的确需要向学生的"头脑银行"进行一定的灌输，教学任务需要适当的讲解才能完成，但弗莱雷却否定了所有的灌输式行为，难免矫枉过正。摒弃弗莱雷对话理论存在的极端相对主义弊端，他对灌输式教育的分析和阐释可谓别出机杼，对以压迫为特征的传统师生关系的批判发人深省。教育不是驯服人，而是解放人。教育需要对话，教育就是对话，对话理论使我们对传统灌输式下的师生关系有了较全面的认识，也为我们匡正当下教育中的错误做法提供了依据。在灌输式教育下，师生关系表现为过分讲解下的生疏与隔阂，集中体现为压迫的对话方式，如日益窄化的对话目的阻隔师生对话、封闭化的对话内容束缚师生对话、淡漠化的对话态度抑制师生对话、失语化的对话主体与欠缺的对话条件制约师生对话。和谐师生关系蕴含着恰当的对话关系，从对话的目的到对话的态度，弗莱雷对话理论勾勒了师生如何进行对话与怎样促进解放，在对话的各个要素中运用该理论来解除压迫，能够建构一种平等、民主、共生的对话型师生关系。

六、近代中国幼儿教育思想

（一）蔡元培的教育思想

蔡元培是我国著名的教育家、革命家、政治家。蔡元培出生于清同治年间，光绪时期中过秀才、举人、进士，可谓清朝科举制度下的佼佼者。中日甲午战争之后，国家内忧外患，蔡元培开始研习西学，赞同变法，作为一个觉醒的知识分子，投身于民主革命。1907年，当时已快入不惑之年的蔡元培开始了4年的德国留学生活。他在德国莱比锡大学研究心理学、美学、哲学等学科，并在此期间接触了康德的哲学。康德哲学是一种二元论的哲学，而蔡元培的教学理论就是构建在"康德哲学"之上的。他认为教育的本质是既要培养营造现实幸福的人，也要培养超脱于物欲之外的、具有独立人格和自由思想的人。

1912年，中华民国临时政府在南京成立，蔡元培就任南京临时政府教育总长，并于同年召开全国临时教育会议，设置新的学制系统，也就是后来的《癸丑学制》，该学制借鉴了德国学制的精神。1916年，蔡元培任北京大学校长，他对北大的改革使之成为中国新文化运动的摇篮。他一生关注高等教育的发展和学术的研究，他的理论揭示了教育的通理，也为我国现代幼儿教育思想的产生和发展铺平了道路。他赞赏孟子"幼吾幼以及人之幼"的情怀，但又正视中国传统蒙学教育的弊端。他在《新教育与旧教育之歧点》一文中提到了蒙台梭利的"幼儿之家"，提出新教育应以卢梭、裴斯泰洛齐、福禄贝尔的自然主义进行理论推演。他崇尚自然，要求一切须从幼儿出发。他主张："教育是帮助被教育的人，给他们能发展自己的能力，完成他的人格，于人类文化上能尽一分子责任。"

（二）陶行知的教育思想

陶行知曾先后任南京高等师范学校和国立东南大学教授、教务主任等职。作为杜威的得意门生，陶行知将杜威的"教育即生活"理论发展为"生活即教育"；将杜威的"学校即社会"理论发展为"社会即学校"，提出"教学做合一"的教育理论，是杜威"做中学"思想的进一步发展。陶行知重视平民的教育，认为在平民中普及教育至关重要。他曾发起平民教育运动、乡村教育运动、普及教育运动、全面教育运动、民主教育运动，创造性地构建了"生活教育"的理论体系，是公认的"人民教育家"。对于幼儿教育，他在《如何使幼稚教育普及》一文中提出："承认幼年生活教育之重要，是普及幼稚园之出发点；承认幼稚园为全社会幼儿的教育场所，是普及正当幼稚园的出发点。我们必须得到这两种态度，幼稚园才有普及的希望。"

（三）张雪门、陈鹤琴、张宗麟为代表的教育思想

张雪门是我国现代著名幼儿教育家，1918年，他创立宁波星荫幼稚园，并任园长，开始投身于幼儿教育事业。他深入研究福禄贝尔和蒙台梭利的教育思想，依据杜威的"教育即生活"理论和陶行知的"教学做合一"思想，创造了行为课程，提倡幼儿教育生活化，对中国幼儿课程的改革和发展做出重大贡献。他主张幼儿教育的原则：一是中国的传统文化，二是国家民族的需要，三是幼儿的心理发展。他认为只有这样的教育，才能培养幼儿的伦理观念、民主思维和科学头脑，而幼儿教育的目标必须随时代的前进而不断改变，符合时代的需要，这样才能造就中华民族优秀的新一代。他对中国幼儿教育的影响遍及北方各省，在幼儿教育界与陈鹤琴并称为"南陈北张"。

陈鹤琴是我国著名幼儿教育家、幼儿心理学家，被誉为"中国现代幼儿教育之父"。作为杜威的学生，陈鹤琴深受杜威实用主义教育哲学的影响，认为幼儿教育从幼儿发展出发，充分尊重幼儿的个性。他根据中国教育的国情，提出了"活

教育"的理论，对幼儿教育的目的、课程理论及教学方法等核心问题进行深入探讨，这是中国学者提出的第一套系统性幼儿教育理论和方法，推动了中国近代幼儿教育本土化和科学化的进程。陈鹤琴的教育理论不仅来自对国外经验的研究，也源于自己的实验观察。他借鉴裴斯泰洛齐记录教育日志的办法，将自己的孩子作为研究幼儿心理的实验对象，观察研究各种幼儿能力的发展。这样的观察持续了808天，文字记载和照片累计十余本，是中国最早将观察实验方法运用于研究幼儿身心发展规律的人。

1923年，陈鹤琴在南京鼓楼头条巷自家客厅开办南京鼓楼幼稚园，是中国第一所实验性质的幼儿园。1925年，鼓楼幼稚园新园舍建成，陈鹤琴邀请自己的学生张宗麟来幼稚园工作，全面开展教育实验。张宗麟毕业于南京高等师范学校，是陈鹤琴的学生和助手，也是中国第一位男性幼儿教师。1929年，陈鹤琴根据鼓楼幼稚园的教育实验成果，制订了《幼稚园课程标准草案》，后由教育部修订为《幼稚园课程暂行标准》，并由教育部于1932年再次修订后颁布为《幼稚园课程标准》。

1927年，陈鹤琴与陶行知、张宗麟一同发起创办中国最早的幼儿教育团体——幼稚教育研究会，创办《幼稚教育》并任主编。同年，与张宗麟等一道创办中国最早的乡村幼教机构——南京燕子矶幼稚园。

张宗麟继承了陶行知、陈鹤琴的幼教思想，并十分关注幼儿教育民族化的问题，他对中国幼儿教育的各种弊端进行了详细分析，并在教学实践和理论研究中，试图探索出一条适合中国幼儿成长的幼儿教育之路。

七、幼儿教育的原则

（一）以幼儿为主体

以幼儿为主体是所有教育理论实行的第一原则。孩子有一百种语言，一百双手，一百个想法，一百种思考、游戏、说话的方式。每个幼儿都是拥有独立人格的独立个体，对待事物有自己的独特见解和思想，具有主动学习的能力，拥有无限的发展潜力。幼儿的声音在成人主导的世界中常常被忽略，成人以灌输知识为主，他们的需求得不到充分的满足。幼儿的成长在与社会接触的过程中得到发展，教师在幼儿的成长过程中发挥着重要的作用，幼儿的成长需要专业的教育者从旁引导，以陪伴和互助的方式参与幼儿的成长活动。教育者应给予足够的尊重和空间，更有力地引导幼儿培养自我教育、自我学习、勇于探索、勇于发现、勇于表达、遵循规则的能力。幼儿才能快速适应不同新的环境，并且积极主动地探索、发现、创造世界。

（二）丰富多元的环境

幼儿的成长与他们所属的环境相呼应，环境在幼儿知识构建过程中发挥了巨大的作用。幼儿成长的环境源于自然界与社会生活，幼儿认知世界的过程不应由成年人强加，而是通过现实的体验感受形成。能力不是单纯的线性发展，而是以相互穿插、相互影响的复杂方式来发展的。幼儿对环境的探索过程中，首先是通过感官来感知周边的环境，感知丰富的色彩、风雨雷电的声音、植被的芬芳、冷热软硬的触感。在熟悉周边的环境下，模仿周围的环境，进而主动探索新的环境，多元的环境能够很好地刺激幼儿的感官发育。以幼儿为中心的教育理念，需要一个满足幼儿多维探索需求的环境氛围，将丰富的环境融入日常中，以便幼儿在自己感兴趣的方向进行探索。丰富多元的环境是不再将幼儿控制在一个单一的扁平化的空间中，打破空间与空间的阻拦，自主地选择活动、探索和交流的空间环境。

（三）遵循幼儿发展规律

幼儿在 0~6 岁的阶段各方面都在快速发展，在不同的时期幼儿感兴趣并关注的方向各有不同。幼儿在 1.5~3 岁时，主要是通过本能来感知世界，常常能发现被忽略的细小的事情。幼儿在 3~4 岁时不仅通过本能来感知，还喜欢用感官来感知世界的联系，喜欢探索，观察环境中的元素。幼儿在 2~4 岁时习惯原有的秩序和习惯，也喜欢探索新的秩序。在幼儿 2.5~6 岁时喜欢结交参与群体活动，不再以自己为中心活动。幼儿 3.5~4.5 岁时喜欢写写画画，用符号语言表达发现。幼儿 4.5~6 岁时在前期各阶段都发展充分的情况下，喜欢阅读，对阅读产生兴趣。所有的幼儿都会经历相同过程，但是节奏稍有不同，幼儿的发展进程容易受到身边环境的影响，在充分开发和利用各阶段的兴趣点前提下，满足成长各阶段的需求，给予适应的体验环境，最大限度上刺激幼儿的感官感受，促进幼儿快速发展。

（四）全面发展

幼儿需要在德、智、体、美、劳五个方向得到全面的发展，在关注学习知识、培养秩序的前提下，更加注重美、体的发展。在幼儿时期，幼儿很难通过讲述来理解抽象的概念，只有结合实践，让幼儿在实践中体验美、感受美，从而发展身体机能。幼儿的本能会驱使其主动观察这个世界，快速吸收这个世界的认知，在反复观察、探索、实践中积累关于感情、语言、秩序、细节、协调、触觉的认知，用来发展自身。

第二节 新时期幼儿园教育发展及特点

一、我国幼儿机构的发展历程

（一）近代中国幼教机构的兴起

中国社会自古重视以封建礼教为中心的童蒙教育，却一直没有出现公共的幼儿教育机构。近代以来，西方列强通过残酷的侵华战争，强迫中国签订了一系列不平等条约，这些条约给予了外国人合法留居中国的权力，让来华的传教士也开始通过创办教堂、医院、学校及育婴堂等慈幼机构进行传教。19世纪80年代，教会仿照西方的幼儿园，在沿海的通商口岸福州、宁波、上海等地开设"小孩察物学堂"作为在华的幼儿教育机构。"小孩察物学堂"设立的目的，除知识的启蒙外，更重要的是向幼儿灌输宗教意识。这种教会幼儿园的本质，是以传教为中心的教会附属物，并非独立的公共幼儿教育机构。1903年，由张之洞筹划、湖北巡抚端方主持督办了的中国第一所公立的公共幼教机构——湖北幼稚园正式开办，园址位于武昌阅马场。湖北幼稚园借鉴了日本幼儿园的制度，园长户野美知惠拟定的《湖北幼稚园开办章程》中提到当时幼儿园室内外的环境，"本园所设场室内十有一，曰开诱室、训话室、游戏室、陈列图书玩具室。室外有场曰游嬉场，有山曰游嬉山，山有亭曰游嬉亭……"1904年，清政府颁布了《奏定学堂章程》，因制定于农历癸卯年，又称"癸卯学制"。《奏定蒙养院章程及家庭教育法章程》作为"癸卯学制"的一个重要组成部分，首次确立了"蒙养院"制度，是中国近代教育史上第一个由政府正式颁布并施行的幼教法规。该章程要求蒙养院的建筑"以平地建造为宜，断不可建造楼房，致幼儿登降有危险之虞"，功能"当备保育室、游戏室及其他必需之诸室"，甚至对人均面积指标也有规定：保育室"面积之大，当合幼儿五人占地六平方尺（约为0.67平方米）"、庭院"面积之大，至小者，当合幼儿一人占地六平方尺"。

（二）现代中国幼教机构的演变

1912年，中华民国临时政府废止了清末的学制，由蔡元培主持拟定了新的学制系统《学校系统令》（史称"壬子学制"）。后对该学制进行修订，于1913年颁布《整顿教育方案草案》（又称"癸丑学制"）。后人将这两个民国初年的学制合称为"壬子·癸丑学制"。其中，"癸丑学制"将清末的幼儿教育机构"蒙养院"更名为"蒙养园"。蒙养园的制度虽仍以日本幼儿园制度为蓝本，但不同于清末的学制，还同时借鉴了德国幼儿教育的规范精神。

进入20世纪20年代，中国社会在政治、经济、文化等方面都发生了巨大的变化，也给当时的教育制度改革带来了深刻的影响。1922年，北洋政府颁布《学校系统改革令》（又称"壬戌学制"），将幼儿教育机构"蒙养园"正式改名为"幼稚园"。"壬戌学制"颁布施行后，幼教机构正式统称为"幼稚园"。幼稚园制度的确立，标志着中国现代幼儿教育制度的肇始。20世纪30年代，由陈鹤琴主持拟定的草案后经多次修订正式颁布成为《幼稚园课程标准》，是国民政府时期关于幼儿教育的指导性文件。1939年，《幼稚园规程》颁布（未正式施行），并于1943年修订为《幼稚园设置办法》正式对外发布与施行，具体提出了幼稚园的相关细则，细则中对幼稚园的建筑环境也提出了具体要求："园址应择便于幼儿来往之地点，并须有良善之环境。园舍建筑以平房为原则，应有保育、游戏、工作、午睡及其他必要之园舍。"《幼稚园设置办法》的颁布，标志着中国幼儿教育开始进入发展期。

（三）当代中国幼教机构的发展

1951年，政务院在《关于改革学制的决定》中将中华人民共和国成立后的幼教机构定名为"幼儿园"，但未对幼儿教育制度做出具体的规定。1952年，《幼儿园暂行规程（草案）》由教育部正式颁布，成为规范幼儿园教育的重要准则。1981年，教育部对《幼儿园暂行规程（草案）》进行修订，并正式颁布施行《幼儿园教育纲要（试行草案）》。十一届三中全会后，中国的教育改革进入了一个全新的时期，幼儿教育也开始与国际接轨，《幼儿园教育纲要（试行草案）》成为指导中国幼儿教育现代化发展的重要文件。2001年，为推进我国基础教育改革，进一步提升幼儿园的教育质量，教育部正式印发《幼儿园教育指导纲要（试行）》，1981年颁布的《幼儿园教育纲要（试行草案）》同时废止。《幼儿园教育指导纲要（试行）》对幼儿园的环境提出了全新的要求："幼儿园应为幼儿提供健康、丰富的生活和活动环境"，不仅要"创造一个自由、宽松的语言交往环境"，还要"为幼儿提供人际间相互交往和共同活动的机会和条件"，并"为幼儿的探究活动创造宽松的环境"。

二、新时期幼儿园教育发展

（一）新时期我国普惠性幼儿园

1. 普惠性幼儿园概念

作为一个新发展出来的概念，普惠性幼儿园在收取教育费、住宿费的时候需要接受政府对其进行指导定价。从经济学的研究视角来看，"普惠"的基本特征是普遍性、公平性和公益性。从公平角度来看，"普惠性"本质上是一种教育公平和公益事业，主要体现在两个方面：一方面，由于在发达和落后地区之间的学前教育资源分配具有不平衡的特点，政府就要积极作为，公平配置资源；另一方面，增加学前教育资源的供给量，使所有适龄幼儿都可以享受优质学前教育资源。从学前教育角度来看，普惠性的第一个特点是普遍性，即面向社会大众。这意味着只要幼儿达到上学的年龄，就可以接受普惠性学前教育。普惠性还具有价格优惠的特点，普惠性学前教育强调幼儿入园费用便宜且中等，但普惠性学前教育不会因为收费低而降低教育质量，而是会在价格低廉的基础上提供优质的教育服务。由于普惠性幼儿园有准入门槛，因此，想成为普惠性幼儿园必须达到一定的标准。"普惠性"是政府必须担负起其应尽到的责任，发挥服务职能，运用行政手段及其他方法，对学前教育资源进行优化配置，将人民的利益放在首位，使每个幼儿享受平等教育。相较于私人幼儿园，普惠性幼儿园较为注重园所安全、硬件设施、资金投入等方面。综上所述，普惠性幼儿园可以定义为具有非营利性，服务大众，享受财政补贴，办园行为规范，保教质量保证，并参照当地同类公办幼儿园保育费标准或按照当地政府指导价收费的幼儿园。

普惠性幼儿园作为一种以政府指导价收取保育费和住宿费的幼儿园，政府在其建设过程中应确立主导地位，承担应有的责任，具体包括政府资金的投入、建立合理的准入准出制度、教师队伍的建设、提供政策保证、资源分配和监督等方面。普惠性幼儿园是准公共产品，有两个属性。一方面，消费竞争性体现在普惠性幼儿园所提供的服务——教育资源不是无限的，包括物质产品，如园内的建筑等基础设施、用来提供教学的桌椅设备、孩子使用的教学用具和玩具等，除此之外，教师队伍的数量、教育效果等也是有限的。在有限的园所内，当幼儿数量不断呈增加趋势时，每个幼儿能获得的教育资源、物质资源就会相应减少，而园所的生产成本却会上涨。另一方面，普惠性幼儿园属于公益事业。决定了普惠性幼儿园不能排除任何一个适龄的幼儿，这是普惠性幼儿园的非排他性。普惠性幼儿园的这种准公共产品属性，决定了它不能像私人产品一样进行自主生产，否则就违背了政府发展普惠性幼儿园的初衷。实际上普惠性幼儿园属于准公共产品,而非纯公共产品,所以发展普惠性幼儿园除政府充分发挥其主导作用外,还需要社会的广泛参与。

由于政府是责任与权力的集合体,因此,在发展普惠性幼儿园过程中,既要承担起教育质量、师资队伍等方面的监督管理职责,又要承担监管不力导致负面影响的责任。政府责任对政府发展普惠性幼儿园的解释为政府必须采取有效的手段监管普惠性幼儿园。同样,政府责任也制约着政府的行为。政府责任既引导了政府本身的行为,也规范了普惠性幼儿园发展的过程,是政府发展普惠性幼儿园的一个重要理论依据。

2. 普惠性幼儿园与教育公平

从国家层面看,教育质量被作为我国教育事业改革发展的关键的任务,随着学前教育资源扩大,"入园难"得到了较好的缓解,然而既普惠又优质的学前教育资源依旧不足。普惠性政策的提出至今已有十年之久,普惠性民办幼儿园的出现,在缓解社会矛盾的同时面临着许多急需解决的问题,长期以来,我国民办幼儿园数量大、占比高、质量参差不齐,在众多民办幼儿园转型普惠性幼儿园的现实下,以这样薄弱的基础,普惠性民办幼儿园普遍呈现出成就与问题并存的发展状态,这样的状况不容乐观,有必要关注普惠性民办幼儿园的发展与质量提升,才可走向一条可持续发展道路。

"有教无类"的提出,可以说是世界上较早包含教育公平的思想,这既是一种教学理念,也是一种教学方法。此后,国内外众多学者的研究充分发展、丰富了这一理论,美国学者提出的教育机会均等、教育公平的解释有不同的方面。第一个方面是把教育公平等同于人们获得同样受教育机会。后来逐渐扩展为大家都可以受到相同的、良好的教育,侧重质量方面。第二个方面将教育公平划分为机会、过程、质量公平。教育公平包括三个方面:教育机会公平、教育过程公平及教育质量公平。

教育机会公平指的是所有的幼儿处于同样的起跑线上。从平等享有教育权利视角来看,每个幼儿都拥有受教育权,且享有的受教育权不因任何条件而改变。从教育机会的视角来看,学前教育不属于义务教育阶段,加上我国学前教育机构数量多,青黄不接,质量有好有坏,导致我国许多本应该接受平等的学前教育的适龄幼儿压根无法拥有接受学前教育的机会,或者接受的学前教育服务是不达标、质量低下的。为了阻止这样的不公平现象进一步发展,为了确保每一个适龄幼儿都能享有公平的受教育的机会,教育公平是大势所趋。

教育资源要实现均衡分配，使每个幼儿都能享有良好的学习环境，从而促进幼儿的完善发展。除此之外，政府还要尽可能平等地对待各种学前教育机构，对发达地区而言，因为先天条件较为优越，容易出现资源浪费的情况，所以政府要合理配置资源。另外，对于落后的地区，政府要将资源集中投入，加大对基础设施、师资力量等资源的投入。作为新时代的产物，普惠幼儿园办园的初衷是要优化配置学前教育资源，使教育资源能够更加均衡地分布，在资源配置上实现幼儿受教育过程的公平。

我国的学前教育在质量方面也存在着不公平的问题。具体表现在我国目前存在的各类学校、机构中，主要由各种民办的机构组成，这样就会导致整体市场良莠不齐、泥沙俱下。民办幼儿教育机构按照等级进行分类，通俗地讲，也就是"贵族"幼儿园和普通幼儿园。"贵族"幼儿园条件良好、硬软件配置好、教学理念科学且环境适合幼儿成长，但其昂贵的费用却是许多中低收入家庭负担不起的。而普通的幼儿园虽然价格低廉，但与此相对应的是园所条件差、设备落后、教学理念落后。不同等级的幼儿园在教学效果方面差距较大，促进幼儿发展的作用也不尽相同。基于此，国家大力发展普惠性幼儿园是很有必要的，普惠性幼儿园通过提供质优价廉的学前教育服务，有利于实现教育公平。

（二）新时期幼儿园入学率

2020年5月20日，教育部照例公布了《2019年全国教育事业发展统计公报》，对比2012年的统计数据，八年来我国教育事业的发展可谓硕果累累。从学前教育来说，我国学前教育的发展速度较快，实现了从2012年的64.5%到2019年83.4%的高水平增长。公平的教育才能无差别面向全体人民，激发各类人才的能力和潜力，有效服务经济发展和社会进步。我们把视野放宽到国际上，在教育方面有突出作为的国家通常把农村与城市地区的义务教育均衡发展放在首位，这些国家的政府最大限度地保障所有幼儿平等地拥有受教育权，这让所有幼儿都能免受家庭经济或者社会地位的困扰，为社会输送源源不断的各类人才。教育发展不是一朝一夕就能完成高质量转变的，教育事业具有一定的迟效性，教育公平的全面实现同样不可能一蹴而就，只有政府、学校、家庭共同凝心聚力，才能最大化发挥教育的力量，让公平之光照亮每个受教育者的人生。

三、新时期幼儿园教育特点

（一）幼儿园教育高质量发展

党的十八大以来，我国不断深化教育领域的综合改革，实施一系列重要举措促进教育公平的实现和教育质量的提升，建立了更加科学的教育体系，使我国幼儿园教育在发展过程中有了基本的理论遵循，教育质量不断提升。幼儿园教育实现了从"有园上"到"上好园"的提升，学前教育逐步走向规范化、科学化。国家颁布了一系列标准，如《幼儿园建设标准》《托育机构管理规范（试行）》《学前教育督导评估暂行办法》等，从硬件到软件、从内部到外部、从师资建设到督导评估等方面初步形成学前教育标准体系，为学前教育发展提供了基本遵循。其中，2020年9月7日，教育部颁布了《中华人民共和国学前教育法草案（征求意见稿）》，面向社会公开征求意见。该草案特别强调了，要保障教育公平，确保教育发展质量，弥补区域发展差异，使不同地区的幼儿都能享受公平而有质量的学前教育。充分保障了弱势幼儿的受教育权，有效促进了欠发达地区的学前教育发展。

（二）教育资金向幼儿园教育倾斜

针对西部与边远地区幼儿的学前教育，国家继续通过中央财政转移方式实施西部"两基"攻坚计划、普惠性入园政策、免费午餐政策等，有效解决了边远幼儿入园难的突出问题。

随着国家对教育体系建立起逐步完善的投入机制，我国教育逐步迈向高质量的发展阶段。改革开放初期，教育经费投入的力度并没有随着经济水平的提高而增长，相反，在改革开放的十年历程中，教育经费的投入不增反降，一度降到2.43%的GDP占比，为了扭转人才培养中的投资短缺局面，21世纪以来，我国按照"教育优先"的发展政策，做出了重新的规划和调整。据《全国教育经费执行情况统计公告》资料显示，2007年，国家财政性教育经费支出占国内生产总值比例为3.32%，2012年首次突破4%，达到4.28%，至2018年已连续七年保持超过4%的投入。随着教育经费的增加，教育资源才会越来越丰富，越来越优质，才能确保每个人都有全面发展的可能。

(三)融入社会主义核心价值观

2014年2月,中共中央办公厅印发的《关于培育和践行社会主义核心价值观的意见》要求:"坚持育人为本、德育为先,围绕立德树人的根本任务,把社会主义核心价值观纳入国民教育总体规划。"学前教育是基础教育的重要组成部分,这一阶段价值观的形成对学前幼儿成长具有举足轻重的作用。

幼儿的健康成长需要正确的价值观引导,幼儿在参加各种形式社会主义核心价值观教育活动的过程中,了解社会主义核心价值观的深刻内涵,接受正确道德价值观念的引导,形成社会发展所需要的价值理念,进而产生对社会主义核心价值观的积极情感。通过社会主义核心价值观教育,增强自身道德意识,逐渐形成自觉遵守社会主义核心价值观的意识,把握正确的道德方向,遇事能做出正确的价值选择,成为社会主义事业合格的建设者和接班人。发挥社会主义核心价值观丰富的育人价值,是促进学前幼儿成长成才的迫切要求。将社会主义核心价值观融入幼儿园教育活动中,对幼儿正确的世界观、人生观、价值观的确立,优秀道德品质的养成有积极的促进作用,促进幼儿身心和谐健康成长,有利于社会主义核心价值观在幼儿园教育活动中的实践,为幼儿价值观教育提供正确的方向引导。

学前教育阶段是基础教育的重要一环,作为学校教育的第一阶段,对幼儿发展有重要的启蒙作用,学前教育阶段价值观的形成对个体成长的影响不可忽视。因此,在幼儿园开展核心价值观教育有利于幼儿的身心发展。在幼儿园多种形式的教育活动中,根据幼儿发展的规律与特点,将社会主义核心价值观融入幼儿园教育活动中,以培养幼儿"热爱祖国、勤于钻研、诚实守信、友好仁善"的个人优良品格,"权利自主、人人平等、公平正义、遵纪守法"的社会进步意识,"家富民幸、民主领导、文明进步、和谐发展"的国家发展情怀,做到从小处、细处、实处下功夫,循序渐进,达到潜移默化、润物无声的教育效果。

学校"立德树人"教育工作的根本是社会主义核心价值观教育,在幼儿园教育活动中渗透相关教育,是幼儿园培育和践行社会主义核心价值观的有效途径。通过将相关价值观教育内容融入幼儿园教育活动,为幼儿终身全面发展奠定良好的思想道德基础,实现将培育和践行社会主义核心价值观融入国民教育的全过程。对学前幼儿而言,社会主义核心价值观教育活动理念显得抽象而复杂,幼儿难以理解其中的深刻道理,学前幼儿的学习是以直接经验为主,因此,在实施社会主义核心价值观教育时,要基于幼儿的理解和感受开展教育活动。

第三节 幼儿园教育现状

一、我国幼儿园教育的总体成就

近些年来，我国学前教育规模不断扩大，幼儿园及在园学生数量明显增多，学前教师人数及学历大幅提升，我国学前教育的发展规模和质量都有明显扩大和提高。同时，我国学前教育经费的投入也在不断增加，为学前教育发展提供了重要的财政支持，对于缓解我国学前幼儿"入园贵"问题，以及推动我国学前教育事业长远发展起到了重要作用。

（一）学前教育规模不断扩大

1. 幼儿园和在园幼儿明显增多

自 2001 年以来，我国全国幼儿园园数与班数稳定增加，适龄幼儿接受学前教育比例整体正在不断提高，我国学前教育需求增速大于供给增速，整体呈现供不应求的局面。我国幼儿园及在园幼儿明显增多，特别是 2010 年开始快速增加。2001—2020 年，我国幼儿园总量增长了 1.6 倍以上，在园幼儿人数增长了近 1.4 倍。我国学前教育规模的扩大，让更多学前幼儿能够有机会获得学前教育、享受到学前教育服务，缓解了学前幼儿"入园难"的困境，不断适应和满足当前形势下我国学前教育发展的规模需求。

2. 公办民办并举的学前教育体系逐步建立

我国公办园数量逐渐增多，2019 年，我国公办园数量为 10.8 万所，比 2000 年增加 6.37 万所，增幅达到 143.79%，远高于民办园 31.71% 的增长比例，占幼儿园总数的比例也从 25.2% 提高到 38.41%。2019 年，我国民办园占幼儿园总量的六成以上。这表明我国公办与民办并举的学前教育体系正在逐步建立与完善，以保障和满足更多幼儿的学前教育需求。

（二）学前教师队伍不断优化

1. 学前教师数量逐年增长

我国学前教师队伍规模不断扩大，自 2001 年以来，教职工数与专任教师数量稳定大幅增长，增速远超园数与班数的年均增速，也高于在园人数的年均增速，这反映了我国幼儿园师资力量增加较快，学前教育供给质量有所提高。2010 年我国学前专任教师总数突破 100 万人，此后每年保持平均 15 万人以上的增长速度，有效缓解了我国学前教师数量短缺的问题。2000—2020年，我国学前专任教师人数增加了约2.4倍。我国学前教师队伍规模的扩大，促进了学前教育保教比的不断优化，学前教育发展更加规范、科学。

2. 学前教师的学历层次不断提高

目前，我国学前教师学历水平大幅提高，学历结构也发生明显变化。全国幼儿园专任教师素质不断提高，总体上呈现"高中阶段毕业"学历的教师数量快速减少，"本科毕业"教师数量快速增加的状态。2000—2020年，我国学前教师队伍中具有专科、本科学历背景的教师人数不断增加，并成为学前教师学历层次的主要构成。我国学前教师学历水平明显提高，促进了学前教师队伍不断优化，推动了学前教育质量和水平进一步提高。

从职称上看，总体上呈现"小学一级"与"小学高级"职称人数占比下降，"未评职称"人数占比快速上升的特点。主要是由于大量新教师加入幼儿园，教学时间短，未能获取职称；职称指标的下发速度不及幼儿园专任教师规模增速，部分有资格获取职称的教师所在幼儿园迟迟获取不到相应职称指标，导致未评职称人数的占比增加。但从总体来看，我国幼儿园专任教师的学历水平快速提升，获得高级职称的教师数量增加是大势所趋。

（三）学前教育经费投入增加

1. 学前教育经费投入不断增加

我国学前教育经费投入大幅提升，2010年，我国学前教育经费投入急剧增长。2011年，我国学前教育经费实现1000亿元的突破，之后每年以平均300亿元水平逐步提升。2010—2020年，我国学前教育经费增长了约4.63倍。为学前教育发展提供了重要的财政支持，有效地缓解了我国学前教育经费短缺的问题。

2. 学前教育经费占全国教育经费比重逐步提高

2000—2010年，我国学前教育经费投入尽管基本保持增长趋势，但增速较为迟缓，占教育经费总投入比一直处于1.5%以下。但从2010年开始，我国学前教育经费在全国教育经费中占比快速升高，2019年，我国学前教育经费在全国教育经费中占比达到8.17%，约为占比最低的2003年的6.9倍。这表明，国家财政对学前教育的支持保障力度不断加大，投入的学前教育经费逐渐增多。

二、我国幼儿园教育的地域差异

（一）生均幼儿园数的差异

"生均幼儿园园数"是地区幼儿园总数与该地区当年幼儿在园人数的比值，反映该地区幼儿园内幼儿的密集程度。2008年以来，我国整体生均幼儿园园数同比呈现先增后减的趋势：2008—2013年加速扩张，2013年后逐渐放缓增速。东北地区生均幼儿园数量最多，但近年来增速较低且下滑速度快；中西部地区生均幼儿园数量基本持平，增速最快，在2011年超过了东部；东部地区生均幼儿园园数在2010年以前尚多于中西部，2011年后则少于中西部，处于全国较低水平，增速整体上也处于低位。中西部生均园数实现了对东部的赶超，这与国家实施"西部大开发""中部崛起"战略，加大中西部学前教育支持力度关系密切，反映了国家对地区间教育公平的重视。

在东部地区，与学前教育适龄幼儿数量相比，生均幼儿园数量相对较少，东北地区生均幼儿园数量相对较多。原因可能是东部地区城市化进程较快，学前教育的适龄幼儿规模增速快于学前教育设施的建设速度，导致东部地区生均幼儿园园数较低；而东北地区恰好相反，过去较完善的基础设施与较低的人口密度形成的是较高的生均学前教育设施数量，由于近年来东北地区经济发展增速放缓，学前教育设施规模需求减少，大量幼儿园合并裁撤，数量下降，导致其生均学前教育设施规模的减少。

（二）教师总量与生均数的差异

从教师总数量来看，东部地区幼儿园专任教师总数较多，中西部基本持平，西部地区教师数量在2015年超过中部，东北地区最少。从生均专任教师数看，东部和东北地区生均专任教师数量较高，中西部相对较低，东北生均教师数逐渐超过东部，西部生均教师数逐渐超过中部。从生均专任教师同比增速看，中西部增速较高，东部增速较低，东北增速2012年以前相对较高，近年来快速下滑。

虽然各地区的生均教师数量有差距，但其增速反映了全国各地区的生均教师数量均在稳定上升，且地区间的师资数量差距在逐渐缩小。东部和东北地区的生均专任教师数量多，但增速在放缓，中西部生均专任教师数量少，但增速较高。2017年，东部地区的生均教师同比增速较上年增加，东北则快速下降，这说明东部地区的学前教育资源呈现"供不应求"的状态，东北地区学前教育资源则"供过于求"，教育资源或将进一步流入东部地区。

(三）教师素质的差异

从幼儿园专任教师的素质来看，东部地区幼儿园专任教师的整体学历水平明显高于其他地区，且高学历教师有进一步向东部幼儿园集中的趋势。2011—2017年，全国幼儿园本科及以上学历专任教师数占总教师数的比重呈线性上升趋势，平均每年增加1.6个百分点，西部地区与全国平均水平基本一致，东北地区增速放缓，中部地区增速明显落后于全国水平，东部目前增速最快，本科及以上学历专任教师数占总教师数的比重也最高，达到30%。从生均规模上看，中西部生均高学历教师数较少，东部与东北地区较多，但东北生均高学历教师数增速下降较快，中部地区增速低于东、西部，使得东北与其他各地区差异缩小，中部与其他各地区差异扩大。

中部地区学前教育的教师素质相对不足，东北地区幼儿园对高学历专任教师的吸引力下降，从生均的角度观察，中西部地区，特别是中部地区的生均学前教育资源相对不足，需要国家财政进行适当的补助加以平衡，以实现学前教育的地区间均衡。

（四）办学条件的差异

从办学条件上看，东部与东北地区生均幼儿园占地面积与藏书数较多，中西部相对较少，但中西部生均幼儿园占地面积与图书数量增速较快，显示地区间差距有所缩小，地区间的生均学前教育资源不均衡情况虽然存在，但较过去有所缓解。

三、我国幼儿园教育存在的问题

（一）我国学前教育管理体制不够健全和不完善

我国学前教育管理存在主体责任难落实、管理人员缺位、督导评估问责不到位等问题，导致我国学前教育管理难以形成有效合力。

1. 学前教育管理机构及人员配置缺位

我国学前教育政策虽明确提出，要建立健全学前教育管理机构，安排专职人员从事学前教育管理工作。但却未对学前教育管理机构的职能，专职人员的人数、学历、培训、工作要求等做出具体规定，致使学前教育管理中机构及人员严重不足甚至缺位。我国绝大多数省份已将学前教育管理机构撤销或合并，也无专职人员负责学前教育管理工作，致使学前教育缺乏全面、有效的监管，学前教育管理过程中出现的诸多问题无法得到及时有效地处理和解决。

2. 学前教育督导评估与问责机制不完善

从当前我国学前教育督导取得的实际效果可以看出，我国学前教育督导评估与问责机制还不够健全和完善。首先，我国学前教育督导评估队伍建设有待加强。当前我国学前教育督导评估缺少专业的、高水平的督导人员，这直接影响学前教育督导评估的专业程度和有效性。其次，我国学前教育督导评估结果运用不充分。一些地方政府对督导意见不够重视，整改措施落实不到位，导致学前教育督导评估效果大大降低。最后，我国学前教育督导缺乏相关问责。要想学前教育督导能够有效发挥作用，问责机制必不可少。督导评估发现问题后，应对政府及其领导人员进行及时有效的追责，提高学前教育督导的威慑力和效果。

（二）我国农村学前教育比较落后

1. 农村学前教育的管理体制不完善

农村学前教育的管理体制不完善主要体现在：学前教育投入主体重心低，导致教育经费投入严重不足。教育财政包括国家对教育经费及其他教育资源的筹措、分配及使用监督等内容。税费改革前，乡镇政府有相对稳定的教育经费来源，用来促进农村学前教育的统筹与发展。税费改革后，学前教育未被纳入义务教育范畴。在这种背景下，只好由乡（镇）政府筹措学前教育经费和举办乡（镇）中心幼儿园。这种以"乡镇为主"的低重心管理体制制约了农村学前教育的发展，导致农村学前教育经费投入不足及县域内学前教育发展不均衡。

2. 农村幼儿园布局不合理

农村幼儿园布局不合理，主要表现在两个方面：一是数量不足，二是分布不均。要提高农村学前教育的质量，首先要保证其在量上的增长。农村幼儿园数量稳中有升，但覆盖面不足，难以满足就近入学的要求。农村幼儿园（班）的布局和数量远远不能满足幼儿就近入园的需要。应合理调整农村幼儿园布局，大力发展农村学前教育机构。农村公办园多建立在乡（镇）政府所在地，而民办园多建立在人口众多、交通便利的地方，偏远农村很少筹建，这种不合理的布局也引发了许多问题，导致很多幼儿"上学难"，家长迫不得已把孩子送到城镇私立幼儿园，这对孩子的心理成长也是极为不利的。

3. 农村幼儿园教师职业素质的整体状况不太理想

农村幼儿教师专业素质的高低决定着幼儿园教育质量的优劣。由于近年来国家鼓励民办幼儿园的建设，大量民办幼儿园的产生致使学前教育师资紧俏，供不应求的状况导致农村幼儿园教师准入门槛低。较低的准入门槛造成农村幼儿园教师素质普遍较低，不论是知识水平、教学技能，还是专业素养、教育理念，都在一定程度上落后于城市幼儿园教师的整体职业素质。

4. 农村学前教育课程设置"小学化"

农村学前教育"小学化"是指教师忽视幼儿身心发展规律，轻视游戏和幼儿的生活。学前教育的"小学化"倾向势必影响幼儿情感态度、创造能力和实践能力的培养，不利于幼儿"完整"人格的塑造。学前教育的"小学化"倾向主要包括课程设置的"小学化"和教学方式的"小学化"。从家长的角度来看，对幼儿身心发展规律的忽视，是导致学前教育"小学化"较为根本的原因。

（三）我国学前教育财政投入与保障机制不健全

我国学前教育发展缺乏必要的经费保障，是制约我国学前教育普惠优质发展的重要原因，严重影响我国学前教育质量水平的提升。

1. 学前教育经费整体投入水平仍然较低

学前教育发展会产生正面的社会效益。虽然我国近年来加大了对学前教育的资金投入，并且逐年呈上升趋势，但是学前教育投资与其他教育投资相比所占的比例仍然很小，总体投资量差距非常明显，与其他一些经济发达的国家相比，投资更是不足。我国学前教育经费短缺，主要表现在两个方面：一是学前教育经费占教育经费的总投入比偏低。2000—2010年，学前教育经费占比增长缓慢，2010年开始虽增长较快，但总体占比仍然偏低。直至2019年占比也仅有8.17%，相比于其他阶段教育，存在较大差距。二是学前教育经费在GDP中占比偏低。2010年之前，学前教育经费占比一直保持在0.05%左右，2010年开始虽有所上升，但总体比重仍然偏低且增长缓慢，到2019年占比也仅有0.41%。

2. 不同区域学前教育经费投入差异明显

我国学前教育资金匮乏主要是财政投入的问题，学前教育基层政府财政负担重且经费来源不稳定，同时也缺乏相应的保障措施。因此，学前教育财政投资机制存在问题，需要加以完善，并重视社会力量参与投资学前教育事业发展。学前教育经费地区投入失衡，阻碍了我国学前教育的均衡优质发展，这主要表现在两个方面。首先，不同区域学前教育经费投入差异依然很大。近些年来，国家财政重点扶持中西部发展学前教育，中西部和东部相比投入差异虽不断减小，但仍存在较大差距。其次，区域内部学前教育经费投入仍存在明显差异。我国学前教育经费区域投入虽有所增加，但区域内部的省际投入差异并未缩小，其中东部地区省级投入差异最为明显。

3. 不同性质幼儿园财政投入相对不均衡

随着国家对幼儿教育的日益重视使学前教育得到了迅速发展。当今社会随着综合国力的显著提高，家长对幼儿教育需求不断增长，公办幼儿园已经不能满足家长的需求，于是民办幼儿园的数量开始增多，并且民办幼儿教育体系趋于完善，并呈现出公办、民办相结合百花齐放的状态。民办学前教育在办园数量、幼儿数量及专任教师数量上占有绝对优势。作为公办幼儿园的有益补充，民办幼儿园的健康发展，有效地缓解了"入园难"的问题，满足了多元化教育的需求，在我国学前教育事业中占据举足轻重的地位。从我国学前教育经费投入对比情况来看，政府财政对公办幼儿园的扶持保障力度较大，民办幼儿园获得的财政支持微乎其微。在国家提倡社会力量兴办学前教育的形势下，我国民办幼儿园规模迅速扩大，但一些民办幼儿园由于无法获得政府的财政扶持，为维持正常运营，转而提高学前教育收费，这非但没有解决我国学前教育"入园贵"的问题，反而在一定程度上加剧了"入园难"的局面，严重制约了我国学前教育的公平普惠发展。

4. 针对弱势幼儿学前教育保障力度不够

当前，我国弱势幼儿学前教育缺乏财政扶持与保障，仍有许多残疾幼儿、流动幼儿、家庭贫困幼儿等处境不利的幼儿很难公平地获得学前教育。根据教育部公布数据显示，2019年，我国3~6岁残疾幼儿总数为13.59万，在园残疾幼儿数量仅有5.86万，入园率仅为43.12%。这与我国正常幼儿入园率相比存在较大差距，残疾幼儿的学前教育很难获得保障。与此同时，我国流动幼儿学前教育问题也需要得到有效解决。城市公办园数量有限，并且入园需要缴纳赞助费，导致许多流动幼儿无法和城市幼儿一样公平地获得学前教育。农村地区幼儿园数量短缺、师资配备不到位、保教质量较低，幼儿学前教育难以得到基本保障。

（四）我国学前教师队伍建设需要进一步加强

当前我国学前教师人数紧缺、身份和待遇缺乏保障、师德素养与专业能力有待提高、资质认定有待强化，这些问题都直接影响了我国学前教师队伍建设及我国学前教育质量和水平的提升。

1. 学前教师数量总体上仍然不足

近年来，我国学前教师队伍规模虽不断扩大，但学前教师数量的短期增长依旧难以弥补我国学前教师数量不足的巨大缺口，更难以适应普惠性、高质量的学前教育发展需求。"全面三孩"政策的推行，导致我国学前教师数量紧缺问题进一步加剧，学前教育发展面临巨大的师资压力。我国学前教育政策明确提出，学前教育机构每个班应设置2位学前专任教师及1位保育员，教职工与学前幼儿要达到1∶7～1∶5的配备比例。据此，我国当前至少仍有181.84万的学前教职工数量缺口。我国学前教师、保育员人数严重不足，学前教育发展仍需更多的专任教师、保育员来扩充我国学前教师队伍，满足不断增长的适龄幼儿学前教育需求。

2. 学前教师身份和待遇缺乏保障

长期以来，我国学前教师身份地位缺乏社会认同，工资待遇等缺乏保障。首先，我国学前教师的工资待遇偏低。多地公办在编教师工资比本地区公务员平均工资要低，在编教师工资更是高出非在编教师工资的1～2倍，临时教师的工资待遇则更低，且许多民办园未给学前教师缴纳保险，其工资待遇又明显低于公办在编教师。其次，学前教师编制短缺导致入编困难。据统计，我国学前教师编制仅占学前教师总数的21.5%，有编教师不足学前教师总数的两成。最后，学前教师的职称评定面临阻碍。我国幼儿园园长、专任教师中没有评定职称人数较多，2019年，全国园长、专任教师有306.68万人，未评定职称人数有229.33万人，占比约74.78%。长时间以来，我国学前教师的职称评定与中小学教师一同进行，没有专门独立的职称评审制度，导致我国学前教师难以进行职称评定，职业认同感降低，学前的教师队伍规模不断缩减。

3. 学前教师的师德素养与专业水平有待提高

学前教师的师德素养和专业水平，是影响学前教育质量的关键因素。近年来，国家重点加强学前教师队伍的师德素养与专业能力建设，但仍有许多学前教师未接受过专业培训，师德素养和专业能力不高。据调查显示，我国学前教职工接受学前教育专业培训的比例虽不断增长，但增速非常缓慢，目前仍有30%的专任教师未接受过专业培训，保育员接受专业培训的比例更不足专任教师的六分之一。一些学前教师由于素养不高、专业不强，并缺乏对幼儿成长规律的认知，导致我国学前教育存在"小学化"倾向，甚至还有一些恶性事件发生，对学前幼儿身心健康造成了严重危害。

4. 学前教师的资质认定有待强化

近年来，一些缺乏专业背景的学前教师，甚至是"无证教师"进入学前教师队伍，导致我国学前教育的专业性和质量有所下降。据调查显示，约两成以上的无证教师存在于学前教育行业。我国学前教师队伍参差不齐，大量无资质人员从事学前教育工作，严重影响了我国学前教育的规范健康发展。因此，加强学前教师从业资质认定，严把学前教师行业准入门槛，是我国学前教师队伍规范化建设及提高我国学前教育质量和水平的关键之一。

第二章 做新时期的幼儿园教师

本章从四个方面介绍新时期的幼儿园教师,分别为幼儿园教师的职业素养、幼儿园教师的专业发展、幼儿园教师的发展规划和幼儿园教师的发展路径。

第一节 幼儿园教师的职业素养

一、专业知识素养

(一)幼儿发展知识

1. 身体发展

实际上,幼儿就是天生的运动爱好者——他们不停地移动、奔跑、跳跃。他们会愉快地参与跳舞、创造性律动、身体戏剧游戏,并且喜欢去户外,因为在户外他们可以没有约束地活动。他们在园时间的四分之一都应当用于身体活动。这个年龄阶段的很多学习就是通过大肌肉运动来完成的。这一时期的学习是从手部动作内化到头脑之中,而非借助于其他方式。总体上,在幼儿园阶段,与表演童话故事、用黏土捏出动物形状、在丛林体育馆里攀爬、用积木搭城堡或用颜料涂鸦等操作活动相比,纸笔活动并不是最有效的教学手段。2~7岁的幼儿是幼儿基本运动技能发展的关键阶段。幼儿的协调性每年都在增强:大部分2~3岁幼儿的动作还不成熟、不协调;4~5岁的幼儿对动作的控制能力有所提高,但不流畅;6~7岁幼儿的动作流畅性更强。总体来说,4岁幼儿的动作虽然还有点笨拙,但不会经常出现摔跤、冲撞等情况。不同运动任务的难度对不同的幼儿来说有差异。运动能力的性别差异也很明显。幼儿园阶段的女孩通常在精细动作和对准确性要求较高的大肌肉运动上优于男孩,如在单腿跳、小步跳上具有优势;男孩通常更擅长需要力量的身体运动,如跑、双脚离地跳。鉴于幼儿肥胖率的增高及其对健康的长期危害,经常运动、形成健康的生活方式尤为重要。研究证实,有规律的身体运动能够帮助幼儿确保骨骼、肌肉、关节健康，控制体重，增强肌肉，减少脂肪，防止或延缓高血压的发生，缓解压抑和焦虑情绪，提高学习能力。

要保证身体健康，不仅需要适宜的身体运动，还需要良好的健康医疗、适宜的居住和卫生条件、良好的睡眠和饮食。幼儿（也包括其他幼儿）一天之中需要多次进食和饮水才能保证精力充沛，集中注意力，对周围环境充满兴趣，避免出现头疼、劳累的情况。

第一，身体发育。3~5岁幼儿的发育速度存在明显的个体差异。一些幼儿的身高在这三年里增长了十几厘米，另一些幼儿可能只增高几厘米，但是幼儿已不再像学步儿那样头大身小、头重脚轻。这一阶段的身体发育主要集中于躯干和腿。身体发育速度在总体上是稳定的，但要比生命的前三年慢。平均而言，3~6岁的幼儿每年体重增加2~3千克，身高增长5~7.5厘米。然而，身体发育增幅在个体之间及群体之间存在很大差异。3岁幼儿已长齐20颗乳牙。简而言之，幼儿在身体上已明显不同于婴儿。身体的发育与成熟使幼儿能够掌握各发展领域的新能力。幼儿对自己身体的认识经常落后于他们不断发育的身体。对他们来说，学习如何在空间中运用和控制自己的身体是一个挑战。由于没有意识到自己已经长大（比如一个孩子可能不认为自己喜欢的衬衫已经不合身了），或缺乏动作技能的规划（比如一个孩子选择比较难的路径去某个地方），他们经常出现一些小事故。

第二，感知觉。感知觉的发展在很大程度上依赖于大脑和中枢神经系统的发展，但是，到幼儿园阶段，视觉、触觉、嗅觉、味觉、听觉等大部分感知觉都已经发展成熟。事实上，幼儿的味觉要比成人更灵敏。虽然他们的身体已具备很好的感知能力，但他们的信息加工能力还不完善。他们还缺乏解释和交流感觉信息的认知策略和语言能力。3岁左右的幼儿感知模式、区分各种样式的能力有所提升。幼儿逐渐开始识别、重复、设计各种视觉模式。在幼儿园阶段，幼儿有强烈的兴趣运用美工、拼图、建构材料、字母和单词创造图案和模式。然而，幼儿有些远视，在远近目标之间切换焦点会感到困难，他们协调双眼同时工作的能力还较弱，这意味着让幼儿观看的阅读材料必须使用较大的字体。这一阶段幼儿的深度知觉也较弱，所以他们常常撞到物品或同伴。幼儿可能会颠倒字母，但这不一定是感知问题。相反，这是正常现象，是因前期经验引起的困惑。与字母等符号不同，物理空间中的物品不管朝向有什么变化，其功能和名字不变（例如，一块积木无论朝向左边或右边，都是同一块积木）。

像其他感觉一样，幼儿的听觉也已发展成熟。他们能专注地听故事，集中注意力听他们感兴趣的对话。他们开始识别有韵律的儿歌、玩语言游戏。这些活动都需要听觉识别和声音处理能力。四五岁的幼儿能发现读音相同或首音相同（音素意识）的两个单词。无法完成这类活动（如听故事、儿歌）的幼儿可能存在听觉问题。婴儿期或学步期的长期中耳炎会损伤幼儿的听力。

第三，大肌肉发展。大肌肉运动发展这一阶段的身体发育使幼儿的身体重心下降，从而能够更平稳地运动。大肌肉运动发展包括更加稳健地运用大腿进行活动，如跳跃、跑、爬。大部分幼儿能够掌握跑等基本大肌肉运动技能，除非他们存在某些类型的发展障碍或迟缓。总体上，年龄较小的幼儿（三四岁）开始练习平衡、双脚离地跳、单脚跳等技能，但障碍物还是会影响他们的动作，年龄较大的幼儿就能轻松地完成这些任务。由于幼儿的神经系统还没有完全成熟，他们一般要比 6~7 岁幼儿反应慢一些。

与其他领域一样，幼儿的大肌肉运动技能的发展也遵循一定的顺序。这一顺序是身体成熟、教学、练习机会的综合产物。身体运动技能发展方面的差异是动机、经验和成人支持等基因与环境因素共同作用的结果。有研究发现，身体运动技能的发展也存在种族差异。例如，美籍非裔幼儿在走、跑、跳等身体运动技能上的常模标准要高于白人幼儿。在幼儿园阶段，当家长和教师发现幼儿出现任何身体运动障碍时，应请相关专家进行评估，设计适宜的干预方案来支持幼儿的身体发展。

让 3 岁幼儿做青少年的运动，这种做法虽日益时兴但却是错误的。幼儿的身体发育还不支持他们开展竞技性运动，他们的情感和认知发展也不足以支持他们理解竞争规则、应对压力。相反，教师应该鼓励幼儿享受运动的快乐，纵使幼儿协调性较差，但身体运动本身就能给他们带来无穷的乐趣。

第四，精细动作技能发展。只要有丰富的锻炼机会，幼儿的精细动作技能就会有所发展和提高，但是他们还不能灵活地做复杂的手部动作。书写、画画、准确地裁剪等活动对多数幼儿来说还比较难，他们还不能特别灵活地做精细动作。如果经常让他们完成需要准确控制手部肌肉、依赖手眼协调的感觉判断、需要稳定性和耐心的动作任务，那么他们可能会遭遇失败和挫折。

虽然 4 岁左右的幼儿已经形成稳定的用手习惯，但是他们的手腕骨仍包含多块软骨，这些软骨要到 6 岁才能发育成骨，这就限制了他们的精细动作能力。大部分幼儿的手腕没法完成完整的绕圈旋转动作。

在画画、玩黏土和橡皮泥或拼乐高等开放性游戏活动中，幼儿的手部肌肉和精细动作技能能够得到锻炼和发展。保障幼儿的活动时间，并在活动中给予幼儿鼓励，就能吸引幼儿参与活动，锻炼将来书写及其他技能所需要的手部动作。这一年龄的幼儿也会通过观察别人，学习如何使用自己的手和手指。

2. 语言发展

在幼儿园阶段，幼儿的语言和交流技能快速发展，这对其他领域的发展与学习有重要意义，因为情绪和情感、社会性和认知发展都离不开语言的发展。而且，语言是幼儿各课程领域学习的关键。例如，幼儿需要学习数学语言，这是他们理解数学概念的基础。同样，语言发展是以后阅读理解及科学和社会研究等其他学科的学习所必需的。幼儿的早期读写经验也会促进他们的语言学习。

语言发展在幼儿的情绪和情感发展中具有重要作用。幼儿掌握识别、理解和回应自己及他人情绪所需的语言，就能够让他更好地承受沮丧或其他强烈的情绪体验，并与他人建立更积极的关系。掌握生气、悲伤、失望或郁闷等表达情绪的词汇，就具备了命名情绪的能力，这使幼儿能够更好地理解和管理自己的情绪，并清楚地表达自己。

语言还对幼儿的社会互动有重要意义。幼儿具备足够的语言技能，就能够表达自己的感受、愿望和观点，并回应他人的感受和观点。社会性能力强的幼儿通常能够专注地倾听别人说话，他们的行为和言语反应能与游戏伙伴的话语相匹配。言语技能可以帮助幼儿加入已结对的游戏小组。例如，幼儿可以使用诸如"我可以盖大楼的这边吗？"来发出请求。受欢迎的幼儿也会得体地拒绝同伴的请求和要求。例如："对不起，我现在没法玩，因为我已经开始做这个游戏了。我过会儿再玩，可以吗？"

语言与认知紧密联系，它是提供心理表征的工具。运用语言来思考的能力，是幼儿在幼儿园阶段发展的一项关键内容。这种能力使幼儿可以解决新问题，而非单纯地依赖于尝试错误。语言能力受到影响的残障幼儿可能需要辅助技术（如手语）进行交流，但他们需要像其他幼儿一样掌握语言，运用语言来思考和解决问题。

自我言语——幼儿与自己说话，实际上是在大声地思考或控制自己的行为，是幼儿能够运用语言作为思维中介的一种表现。随着年龄的增长，幼儿开始在完成任务的过程中自言自语。再大一点的幼儿会通过自我言语来提前计划自己要做什么或如何做。渐渐地，幼儿的自我言语开始内化，他们开始无声地在头脑中计划、控制、反思自己的行为和行动。

幼儿在没有接受直接教授的情况下学习理解和应用语言的惊人速度是自然界的一大奇迹，这强有力地证实了语言获得的生物学基础。作为榜样，幼儿周围的成人提供了语言示范，这对幼儿语言交流的数量与复杂程度有至关重要的影响。

但幼儿有建构意义和交流的需要，而且他们的神经发育做好了相应的准备，这也促使他们的语言得以快速发展。教师在观察幼儿、与幼儿交流的过程中，能够发现幼儿语言发展程度上的差异，这种差异表现在词汇、句子长度、对话、口头陈述、非言语行为、语法复杂程度、组织思维的方式等多个方面。语言运用还有文化差异。由于与家庭和社区成员交流是语言的一个主要功能，因此，幼儿的语言获得和应用存在文化和社会差异也就不足为奇了。

语言环境对幼儿语言学习至关重要，幼儿语言能力的培养需要在一定的情境中进行，即教师需要为幼儿创设各类语言学习环境，这样有利于幼儿思维能力的形成。例如，为了训练和培养幼儿在日常购物场景下的语言能力，教师创设了日常购物场景，先进行人物设定，教师和幼儿充当不同的角色，帮助幼儿快速进入购物者的角色。此外，家长也要配合教师的教学计划，在家庭日常生活中，家长需要注意自身的言谈举止，因为这个时期幼儿的模仿能力很强，所以不能忽视耳濡目染的影响。除此之外，家长通过与幼儿的交流可以得知幼儿语言能力的高低，从而对幼儿进行针对性的语言指导，如语言完整性、优美词汇的熏陶和培养等。例如，早上起床亲切地问候："早上好""我们一起去吃早餐""今天阳光明媚，真是一个好日子"，长此以往，幼儿的语言表达能力就会潜移默化地得到发展。

幼儿教学的重点在于培养和提升幼儿的语言能力，而语言能力通常包括多个方面。若只是注重唱歌和背诵古诗难以有效提升幼儿的语言能力。教师应当注重幼儿语言能力的全面发展。从听、说、读、写四个方面出发，训练学生多看、多听、多写、多练。教师要落实语言的实际用途，语言作为人类沟通的基础和桥梁，教师要鼓励幼儿大胆表达内心的想法，这样可以有效提升语言教学的效果。

文字是语言的载体，幼儿在语言能力提升过程中，除日常与家长、朋友和教师沟通交流之外，教师也可以向幼儿推荐适合的读物，通过阅读可以提升幼儿的语言表达能力。这种从书籍中获得的语言能力属于间接经验。就幼儿语言能力提升来讲，生活中获得的直接经验和书籍中获得的间接经验同等重要。幼儿通过阅读书籍能够学会各种词汇的使用，也能了解各种词汇的应用场景。最重要的是幼儿读物能够激发幼儿学习兴趣，使幼儿能够全身心投入语言的学习中。

按照幼儿阶段性的成长特点，处在幼儿阶段的幼儿天性好动，在好奇心的驱使下幼儿喜欢参与各类活动。为此，教师可以抓住幼儿成长的阶段性特点，通过开设各种有趣的语言教学活动来丰富幼儿语言教学的内容和形式，在语言教学活动中，教师可以根据幼儿表现对其进行奖励。

3. 社会性和情感发展

幼儿的社会性和情感发展特点，既给父母和教师带来了欢乐，有时又带来了烦恼。3~5岁幼儿在与他人的关系、自我理解、理解和调控自己的情绪等方面都有很大的发展。然而，发展道路并不平坦，所有的幼儿都要努力解决社会性和情感问题。幼儿与保教人员结成的关系，是高质量的幼儿园教育环境支持幼儿发展过程的关键因素。这种支持对所有幼儿都很重要，而对那些社会性和情感发展存在问题或家庭和社区环境存在不利因素的幼儿更为重要。幼儿园阶段的积极的社会性和情感发展，为幼儿当下及后续阶段的认知和学业能力发展奠定了良好的基础。幼儿教育工作者日益强调社会性和情感发展与读写发展、数学概念的理解一样重要，并在课程的规划和实施中给予同等重视。

幼儿园阶段是幼儿形成积极的学习态度和行为的关键时期。这些态度和行为与社会性和情感发展密切相关，但又会影响幼儿在所有领域的发展和学习。学习品质包括幼儿的学习热情（兴趣、快乐、学习动力）和学习参与（集中注意力、有坚持性和灵活性、调控自己的想法和情绪及行为）。有学习热情、参与度高的幼儿更有可能在幼儿园及后续阶段获得学习成功。

幼儿有自己天生的气质类型，但不会生而具有积极或消极的学习品质。他们在家里和托幼机构里的经验，可能支持或挫伤其学习的热情和对学习参与的积极性。

（1）社会性发展

在幼儿园阶段，幼儿开始成长为社会人。3岁的幼儿会骄傲地使用"我的朋友"这一词组，即使他们还没有完全理解友谊的含义。在幼儿园里，幼儿也开始与父母之外的其他成人——最重要的是他们的教师，建立持续的亲密关系。幼儿社会性发展主要有四个方面：幼儿的社会互动、与教师和同伴的关系和友谊；亲社会行为的发展；攻击性行为和其他问题行为；与他人相关的自我认识。

首先，社会互动、与教师和同伴的关系和友谊。与3岁之前相比，大部分幼儿都有更广泛的社会生活。是自婴儿期就进入托幼机构的幼儿，现在也与家庭之外的其他成人和幼儿有更多的联系，幼儿对此也有更强的意识。幼儿通常与他们的教师关系密切并形成依恋，这与对父母的依恋相似但不完全相同。这种关系至关重要。与教师建立积极关系的幼儿会更积极主动地参与幼儿园活动，在后续阶段也会表现出更强的社会能力。

在幼儿3~5岁时，同伴的作用也日益增强。与学步儿相比，大多数幼儿以更复杂的方式更频繁地与同伴互动。虽然许多幼儿仍然独自游戏或平行游戏，但他们有更强的能力开启和维持角色游戏——有能力就游戏主题达成一致意见（"你做司机，我要去超市购物，可以吗？"），扮演复杂的角色，与同伴开展较长时间的游戏等。丰富的角色游戏经验不仅能发展幼儿的社会能力，还能提高幼儿的语言和读写技能、自我调控能力和后续的学校成绩。

幼儿很珍视他们的友谊。这一年龄的大多数幼儿有自己的朋友，虽然不一定是最好的朋友。交朋友的能力很重要：容易交到朋友的幼儿会有更强的自我调控能力，能更好地理解他人的想法与感受。当然，幼儿的友谊并不总是和谐美好，他们与朋友的冲突比与其他幼儿的更多，因为他们与朋友相处的时间更长。幼儿更可能以非攻击性的方式解决与朋友的矛盾冲突，与朋友的合作比与不是朋友的同伴更多。

伴随语言和社会理解的发展，幼儿园阶段的幼儿能够与同伴聊天，谈论感兴趣的事情，并调整自己的语言以让对方更好地理解自己。

其次，亲社会行为的发展。当幼儿以亲社会的方式行事时，他们会出于对他人的关心而自愿地帮助别人，这些行为被称为"关爱""分享""帮助"。3~6岁幼儿开始表现出更频繁的亲社会行为。3岁的幼儿看到同学在爸爸离开后开始哭泣时会给朋友一个拥抱；5岁时，幼儿可以说出安慰的话语，或者提议玩一个朋友平常喜欢玩的游戏。幼儿亲社会行为的增加受到多方面因素的影响。幼儿的认知发展使他们能够更好地理解他人的情绪和感受，更多的社会经验也增进了他们的社会理解。与此同时，成人通常对3岁以上的幼儿持有更高的期望，期待他们表现出更多的助人行为。

当然，一些幼儿的亲社会行为要多于其他幼儿，而且这种差异会延续到更大的年龄。那些自我调控能力强的幼儿能够更好地关注和理解他人的情绪，并在需要时提供帮助。当幼儿与父母建立温暖、安全的亲子关系，当父母帮助幼儿关注他人情绪、支持幼儿的助人行为时，幼儿会表现出更多的助人行为。高质量托幼机构中的幼儿，以及与教师建立了安全依恋关系的幼儿，更可能善解人意并表现出社会行为。

再次，攻击性行为和其他问题行为。与学步儿相比，3岁以上的幼儿在不高兴时，不会再大发脾气、使性子，也很少打别的小朋友。有关物品所有权的争夺及同伴间的观点差异仍会激发攻击性行为。在幼儿园阶段，关系性攻击（如小气或排斥别的幼儿）成为一种表达攻击性情绪的方式。幼儿会运用他们发展完善的认知和语言技能来有目的地伤害他人的情感（"你不能来我家玩儿""你的头发太丑了"）。在幼儿园阶段末期，幼儿会出现这种关系性欺凌和身体欺凌，这些对施加欺凌和被欺凌的幼儿都有消极影响。

许多因素影响幼儿是否使用攻击性行为或其他挑衅行为。困难型气质幼儿及冲动、易怒、易被分散注意力的幼儿，更可能做出具有攻击性的反应。另外，一些幼儿难以分析和处理其他幼儿的动机信息。例如，一些幼儿可能会以负面消极的方式解读社会性情景。他们更可能认为其他幼儿的行为充满敌意。

最后，与他人相关的自我认识。在进入幼儿园之前，幼儿就已经有自我意识。3～5岁幼儿已获得了充分的自我认知，但这种自我认知还不是很具体，年龄较大的幼儿开始增加心理描述。幼儿对自我的认识通常是"全"或"无"的模式，这一年龄的幼儿较难理解他们有相反的性格或感受（如有时友善，有时小气）。自我描述慢慢地发展成自我效能感，这是幼儿对自身价值与能力的自我评价和判断。幼儿通常对自己的不同方面有不同的评价，一直到幼儿期后期，幼儿才形成对自己的整体评价，认为自己能干、有价值，或无能、没价值。幼儿对自己的这些看法主要来自别人怎么看待他们，包括成人和其他幼儿。幼儿在幼儿园及其他环境里能够获得成人的支持与接纳、形成对成人的安全依恋，更可能有较高的自我效能感。相反，被虐待的幼儿可能认为没人爱自己、自己是无能的。文化也会影响幼儿自我认同的形成。许多文化强调集体或群体价值，而非个体成就。对自己在各种任务（例如完成一个具有挑战性的拼图）上的成败归因，也是幼儿自我认同的表现。

总体上看，这个年龄的幼儿对自己能否成功持有乐观态度，相信自己不断努力就能成功。正是因为这特点，过去的人们认为幼儿很少失败。然而，越来越多的研究发现，一些幼儿已经形成对失败的消极认识。与社会性、情绪和情感（认知）发展的其他方面一样，成人给予幼儿反馈的性质对幼儿的观念和行为会产生重要的影响。

（2）情绪和情感发展

幼儿的情绪和情感发展受到越来越多的关注。许多研究者认为，幼儿的正面和负面情绪是他们各方面学习与发展的重要动力机制。兴趣、快乐、好奇等情绪体验鼓励幼儿探索周围世界，激发他们去解决问题。同样，强烈的悲伤、恐惧、生气等情绪体验也使幼儿逃避特定的学习情境或人际关系。3～5岁幼儿对不同的情绪和情感有更深入的理解。他们讨论情绪和情感的能力有所增强，能够调控自己的情绪，形成清晰的是非观念。所有的幼儿在幼儿园阶段都会遇到压力事件，成人应帮助他们学习新的应对策略，发展抗逆力。幼儿情绪和情感发展主要有三个方面：情绪能力的发展；道德意识的发展；压力、应对和复原力。

首先，情绪能力的发展。情绪在婴儿期就已出现。与更年幼的孩子相比，幼儿能够用面部表情、手势、语言和符号等更丰富的途径和方式，表达更复杂的"社会性"情绪和情感，如骄傲、负罪、羞愧（如一个4岁幼儿用蜡笔画一个生气的人）。大部分幼儿能够描述或命名情绪（"我有点害怕那条狗"），识别他人的情绪，思考别人为什么会有那种情绪，用可接受的方式表达他们的生气或沮丧。这些能力是幼儿的入学准备发展和学业成功所需的重要基础。若幼儿无法管理和调控消极情绪，或难以理解和应对他人情绪，那么他们在进入小学后也难有较强的情绪能力，通常会表现出较低的社会能力和适应能力。

幼儿的气质和文化背景也会影响他们如何表达情绪。但是与在其他领域的发展一样，家庭是主要的影响因素。不同的家庭表达情绪和情感的方式不同，这些会影响幼儿的表达风格。家长温柔亲切地帮助孩子理解和处理情绪和情感，能够教育出情绪能力强的孩子。相反，成人严厉苛刻或冷漠排斥的教养行为，以及情绪失控和经常性冲突会制约幼儿在这个领域的发展。幼儿教师也会影响幼儿的情绪能力发展。例如，与幼儿教师关系亲密的幼儿将来也会与小学教师形成亲密的关系。

其次，道德意识的发展。逐步内化价值观念和行为期望，是幼儿在发展方面的重要进步。幼儿园阶段是幼儿发展对他人的同情、良知、是非观念的关键时期。幼儿还会表现出道德情感，如负罪感和羞耻感。在独处时，他们也能克制自己不做违背社会规则的事情（如从盘子里拿走饼干）。在幼儿园阶段末期，幼儿已经内化是非观念。这些发展具有重要的意义，在幼儿园阶段没有形成这些道德意识的幼儿更可能表现出行为问题，缺乏助人行为。

幼儿与他人的关系有助于他们理解他人的情感、关心他人。当父母态度温和、注重教育、采用理性而非严苛的规则约束时，幼儿更可能内化这些价值观念。父母较少依赖权威，较多运用推理、规则提醒等，更有利于幼儿理解是非观念，内化家庭和社会认为重要的价值观念。

最后，压力、应对和复原力。当幼儿和成人感到所面对的情景超出了能力控制范围时，他们就会产生压力。面对压力，我们的情绪（变得焦虑或生气）、身体（释放更多的"压力激素"皮质醇）、行为（打人或从压力情景中逃离）都会做出反应。幼儿期的压力来源通常是真实存在的，如父母离异、住院或自己进入新的托幼机构等。幼儿也可能因为难以区分想象和现实而产生郁闷和恐惧，例如他们认为床底下真的有怪兽。不是所有的压力都是有害的，没有压力，幼儿也难以发展自我调控和应对技能。然而，没有成人的支持与引导，幼儿会被过大的压力压垮，导致长期的发展困难。在幼儿园阶段，幼儿的应对能力大幅度地提高。幼儿学习调控自己的情绪，以建设性的方式处理压力情景。在这里，成人仍然是关键：当成人经常敏感地、具有支持性地回应，与幼儿有安全的依恋关系时，幼儿就能更好地应对压力。

很多研究讨论了幼儿的"复原力"。在经历同等水平的内在压力的幼儿中，一些幼儿能够"复原"，尽管有压力，他们也能发展得很好。除了气质类型和其他先天特征，其他因素也会影响幼儿复原力的发展。具有支持性的、接纳幼儿的成人是最重要的影响因素之一。其他因素如积极的自我价值感、灵活解决问题的能力、良好的沟通技能等也会产生影响。这些品质都是在幼儿园阶段培养的。

4.认知发展

认知发展是幼儿社会化发展的先决条件，理解社会规则是幼儿社会认知发展的重要方面。社会规则对人们形成社会期望、树立合作精神和建立良好的社会互动模式具有重要意义，也是人类道德系统形成和发展的重要支柱。无规矩不成方圆，社会快速有序的发展与规则规范的建立及执行是不可分割的。随着幼儿年龄的增长，5岁很可能是幼儿社会规则认知发展的关键期，社会规则认知能力在逐渐提高，他们需要理解和接受社会的规则。当幼儿初来社会时，对这个社会一无所知。幼儿期是社会性发展的敏感阶段，在人的整个发展过程中意义非凡。真正的社会有很多规则，幼儿身心健康发展离不开对社会规则的正确认知，要在社会上生存发展，幼儿必须了解、掌握这个社会最基本的社会规则，因此，对社会规则的了解是社会认知的其中一部分，而社会认知发展的重要时期是大班阶段。就遵守规则而言，具有良好规则意识并积极遵守各种规则的幼儿大多拥有较好的同伴关系，更受其他幼儿欢迎，也能获得同伴的更多信赖。反之，容易和其他幼儿发生冲突，通常是喜欢违反规则的幼儿，且良好的同伴关系不容易被建立，还有可能被其他幼儿排挤。幼儿园作为一个小社会，它促进了幼儿全面地发展。同时，为了促进幼儿的全面发展，也有必要促进幼儿良好的人际关系和社会发展。

《幼儿园教育指导纲要（试行）》明确提出，教师作为幼儿共同生活与活动的人，应以多种方式帮助幼儿认识、体验并理解基本的社会行为规则，学习自律和尊重他人。《幼儿园工作规程》中提出：幼儿园的日常生活组织，要从实际出发，建立必要的合理的常规。社会规则认知的发展是幼儿社会发展的主要问题之一，且偏重于社会情感与社会行为规则。幼儿园是幼儿生活和学习的重要场所，也是规则意识出现和初步形成的重要时期，教育奖惩在教育中是基本的教育手段，除父母以外，教师是幼儿接触最多的人，为了促进幼儿社会规则认知发展，幼儿教师掌握教育奖惩手段十分必要。在学前阶段，幼儿开始理解，做正确的事是一种社会规则，当他们遇到违反社会规则的人时，他们为了维护社会规则甚至会给予这些人一定的惩罚。社会认同理论的研究表明，社会规则能帮助幼儿通过遵守社会规则或谴责偏见的方式来控制群体偏好发展。

在幼儿园阶段，幼儿的认知发生了重大的变化，特别是心理表征方面。婴儿和学步儿的表征能力较弱，较难在记忆中表征周围世界（形象、概念），幼儿的这一能力会大幅度地提升。当询问过去或未来的事件时，幼儿能够思考几周前发生的事情或推理还未发生的事情。他们能创编别出心裁的故事（如一名幼儿是飞行员，其他幼儿在塔台控制），协调角色和情节。到四五岁时，他们在开展这些游戏时能清楚地知道这是假想的。他们开始对想法归类，在游戏和绘画中使用假想事物来学习和交流，因此，他们会更加复杂地使用符号，逐渐成为有效的思想者。尽管取得诸多进步，但幼儿的思维仍然有非理性、自我中心、单一维度的特征。

学前幼儿的认知能力比过去人们所认为的更强，至少在熟悉的情景中、向他们清晰地解释任务时，他们能表现出更强的认知能力。幼儿看起来比他们实际懂得或理解的更多。有时他们看似很成熟，思维能力相对较强，有时又好像有很大的局限性、缺乏灵活性。这是因为幼儿正从简单思维向复杂思维发展过渡。成人应牢记他们的思维水平不是单纯地低于年长的幼儿或成人，他们在既定时间内处理的信息量有限，在其快速、大量地学习的时期，这实际上是有利的。由于他们要在新水平上掌握大量的概念、词汇和技能，因此他们一次只关注一项事物，而且更容易学会（例如把黄色蜡笔和粉笔放在一个罐子里、把紫色蜡笔和粉笔放在另一个罐子里可以巩固颜色意识），而非同时关注多项事物（如黄色和紫色、蜡笔和粉笔、折断的和完整的，要成功地完成这类任务需要关注太多概念）。

下面主要介绍影响认知发展的因素，以及幼儿园教师期望看到的幼儿思维的特征：

第一，社会互动和游戏的影响。正如教师所认识到的，幼儿的所有学习都是相互联系的：幼儿园阶段的认知发展对幼儿的社会性和语言发展有重要意义，而社会性和语言发展在促进认知发展中也发挥着关键作用。幼儿在与他人互动的过程中建构对概念的理解。

例如，在建构对"学校"的认识时，幼儿会运用他们听到的人们关于"学校"的谈话、看到的别人称为"学校"的景象、听过的有关"学校"的故事来进行理解。在与同伴、年长的幼儿或成人的互动中，他们关于学校的想法可能会经过受到挑战、质疑、确认、深化、调整这一系列过程。正如维果茨基所指出的，幼儿的理解最早产生于与他人的交流，然后体现在"自言自语"中，最终发展为内化的思考。随着幼儿的记忆、语言及其他认知领域的发展，他们与他人的关系也会发生变化。幼儿会开展大量的假想游戏或角色游戏。在成人的指导和支持下，他们在游戏中尝试各种新想法和技能，从而获得认知进步。游戏技能的提高不仅能够反映认知能力的发展，还能够进一步促进认知的发展。

其他类型的游戏，如绘画或拼图，同样重要。但是，社会性假想游戏对幼儿有着特殊的价值。在成熟的社会性角色扮演游戏（与其他幼儿交流的假想游戏）中，幼儿与同伴的互动比在其他情境中持续更久，并表现出更高水平的参与和更多的合作，这会吸引更多的幼儿加入——所有的这些都有利于幼儿认知的发展。

第二，注意和记忆能力。在幼儿园阶段，幼儿调控注意和记忆的大脑皮质及其功能还有待发展成熟，这也导致他们缺乏推理和解决问题的能力。年长的幼儿已从环境中获得该注意什么、如何记住事物、通过角色游戏练习自我调控技能及其他支持性经验，相比而言，幼儿还缺乏锻炼经验。在幼儿园阶段随着幼儿在教学活动中和其他机会中不断地锻炼与注意和记忆相关的信息加工技能，他们的技能也会逐渐提高。

首先是注意。注意是思维的关键，因为它决定了哪些信息会影响正在处理的任务。集中注意的能力，可以增强语言获得和问题解决等学习技能，以及社会性技能和合作能力。教师都知道，幼儿通常较难关注细节，在大多数任务上注意力持续的时间都较短，比年长幼儿更容易分散注意力，尤其在需要被动倾听或完成纸笔任务时更是如此。在幼儿园阶段，幼儿有意注意的时间会逐渐延长。

例如，在幼儿园阶段，年龄较小的幼儿通常没有控制注意的策略，而年长的幼儿会用一些简单的策略。在一项研究中，完成任务的最佳策略是打开带有某种图画的门（一些门上有房子的图画，其他门上有动物的图画），3~4岁的幼儿会打开所有的门。但是，5岁幼儿开始使用选择性策略，只打开有相关图画的门——至少在大部分时间是这样的。

其次是记忆。随着注意力的改善，幼儿的记忆力也会提高，主要的表现是记忆策略的使用。记忆策略是有意识的心理活动，使我们可以先把信息存储在工作记忆中，然后转化为长时记忆。幼儿开始使用记忆策略，这需要他们集中注意力并做出很大努力，因此，这些策略最初并不是很有效。与其他技能一样，当幼儿有机会使用这些技能并得到指导时，他们的记忆策略就会有所改善。幼儿不能有效地运用默诵清单或将事物分成有意义的类别等记忆策略。即使成人教给他们改善记忆的策略，幼儿也不能自动或准确地运用这些策略。

在幼儿园里，幼儿的记忆的确获得了较大的进步。"情景"是关于常规事件的图式，例如去杂货店或吃午饭等。幼儿会根据事物的作用来对"情景"分类。3岁幼儿对一般类别词汇和具体类别词汇的使用没有太大差别。也就是说，他们既可能将任何食物归为一类，也可能把午餐归为一类。4岁的幼儿更多地使用熟悉的具体类别（午餐）词汇来区分事物，而非更抽象的一般类别（食物）词汇。当词汇在情景中高度相关时，幼儿就能更好地完成记忆任务。

换言之，在有意义的情景中获得的直接经验为基础，幼儿更可能理解和记住关系、概念和策略。在两种情境下，即让4~5岁的幼儿玩玩具或只是要求他们记住玩具，玩玩具能让他们更好地记住所玩的玩具，因为他们会根据游戏活动自发地将信息归为有意义的类别，比如，把鞋子穿在玩具娃娃的脚上或讲述他们的游戏。

当在记忆中对事物进行分类时，他们通常依据日常生活中的联系来组织事物，如帽子与头、萝卜与兔子。幼儿可能无法回忆多个指令中的步骤，但可以依据经验将一年前的具体事件按顺序组织在一起。

（二）幼儿保育知识

少年幼儿作为社会主义的接班人，实现中华民族伟大复兴的中国梦不仅需要当代青年人的努力，更需要少年幼儿的开拓，因此，少年幼儿的教育尤为重要。幼儿阶段是身心成长的关键时期，对幼儿的未来发展起着重要的作用。幼儿保育工作作为保护幼儿身心健康发展的重要教育手段，需要幼儿保育人员提升自身认识，积极探索创新教育方式，不断优化保育工作质量，更好地发挥幼儿保育工作的作用，以促进幼儿健康成长。

幼儿园保育工作内容主要包含协助幼儿园教师开展教育活动，照顾幼儿身心健康等内容，为幼儿提供良好的学习与生活环境，以促进幼儿身体与心理的健康成长。幼儿园保育工作与传统教育工作存在一定差别，因此，要求幼儿园保育人员清楚认知保育工作内容，不能一味地对幼儿进行学习能力的培养，更应重视幼儿智力与心理发展情况，并传授幼儿更多的生活技能，为幼儿的全面发展提供支撑。幼儿园保育工作离不开保育人员的付出，让幼儿在幼儿园中健康成长，同样离不开保育人员的关心与照顾。因此，保育人员是影响幼儿园保育工作质量的关键，承担着为幼儿提供安全和健康成长环境的责任。保育人员应充分发挥自身的引导作用，在确保幼儿身心健康发展的情况下，积极配合幼儿教师开展相关教育工作。不断提升幼儿的生活能力和自理能力，并在良好学习氛围的熏陶中，让幼儿养成积极主动的学习习惯，以及谦虚礼貌、善良友好的性格，促进幼儿健康发展，以彰显幼儿园保育工作的重要性。

促进幼儿健康发展在当前应试教育的大环境下，会导致部分幼儿家长将幼儿学到多少知识和掌握多少技能视为评价幼儿教育工作质量的关键。这也使得部分幼儿园为更好地满足幼儿家长的需求，将幼儿园教育发展目标规划为重视基础教育工作而忽视幼儿保育工作。这种教育思想的偏差，不仅会影响幼儿保育工作的顺利开展，还会降低幼儿保育工作价值，一定程度上阻碍了幼儿能力与思想的健康发展。

幼儿时期作为心智与身体机能发育的重要阶段，需要幼儿园转变教育理念，并充分规划教育重心，不断强化幼儿保育人员的工作意识，以实现幼儿保育工作水平的提升。在具体工作中，幼儿保育人员首先要树立以幼儿为本的工作理念，更好地突出幼儿学生的主体地位，充分了解幼儿的学习需求，为幼儿创造良好的学习环境，并提供安全健康的学习设施，以保障幼儿学习环境的安全性和教育内容的针对性；同时，幼儿保育人员要合理安排幼儿饮食，加强检查幼儿食物的安全卫生力度，并做好营养搭配，保障幼儿膳食营养卫生；还要定期对幼儿学习用具和娱乐设施进行消毒，避免出现细菌与病毒的感染；幼儿保育人员要增强对保育工作的热爱程度，利用良好的工作态度去关心和尊重幼儿，在幼儿出现问题时应以柔和的语气指出问题所在，并与幼儿共同探究问题的解决方式，还要深入幼儿生活，切身体会幼儿的情绪变化，并了解幼儿的性格特征和喜好，从而保障幼儿保育工作的正确性和科学性。

幼儿园保育人员是幼儿思想的引领者和行为的规范者，提升幼儿保育人员的专业水平，打造高水平的保育队伍，是促进幼儿教育发展的关键。因此，幼儿园要结合自身发展情况，在原有管理制度上建立幼儿保育工作管理制度，并形成较为完整的管理体系，促进保育人员能力与工作水平的提升。一方面，幼儿园可以利用课余时间开展保育知识培训活动，为保育人员传授更多的保育技能。还要针对保育人员的学习情况进行考核，建立奖励制度增强保育人员学习积极性，完成幼儿园保育队伍的规范化建设。另一方面，幼儿园应鼓励保育人员参加相关保育科研活动，学习更加先进的保育知识和理念，并掌握更多集保育教育内容于活动中的方法，以实现寓教于乐。只有幼儿园保育人员具备良好的工作态度和能力，才能整体优化保育队伍素质，从根本上实现幼儿保育工作效率和质量的双向提升。

幼儿园教育工作内容繁多，且具有一定的教育价值。在具体工作中，无论是幼儿教师还是保育人员，都应重视自身教育能力与素质的提升，为幼儿树立良好的学习示范，并利用有效的教育手段规范幼儿思想与行为，改善幼儿存在的问题，促进幼儿身体素质与综合能力的良好发展。

二、专业能力素养

（一）语言培养能力

语言是人们生活中不可缺少的技能与交际工具，由于幼儿阶段大多数幼儿的语言能力还不够成熟，需要幼儿教师加以正确的引导与教育，所以，幼儿教师必须改变以往单一、枯燥的语言训练模式，要结合幼儿的身心发展特征来设定幼儿语言教学方案，在提升幼儿语言表达能力的同时，还要引导幼儿逐步了解社会，获得最基本的语言信息和技能，为以后的学习、生活奠定稳固的基础。除此之外，幼儿教师还要善于借助第三方力量开展幼儿语言教育，为幼儿营造多元化的语言训练环境，这样才能真正让幼儿的语言水平有所成长。作为一名幼儿教育教师，在日常教育活动中要关注语言教育工作。

第一，尊重幼儿语言表达能力，关注幼儿间的个体差异。幼儿教师一定要尊重幼儿语言表达能力的个体化差异，因为每一个幼儿受到教育、环境、遗传因素的影响，他们的智力与知识技能都不尽相同，教师应了解幼儿之间的个性化差异，进行有针对性的因材施教，提升语言教学质量。首先，对于一些沉默寡言的幼儿，教师要加强对这类幼儿的关注与了解，加强沟通与交流，了解这些幼儿真实的心理与生活情况，给予他们最大的帮助，让幼儿勇于表达自己的想法。同时，教师还要善于借助一些外界力量开展幼儿语言教学工作，通过和家长、社区合作，多多开展一些语言教育实践活动，给予幼儿更多表达自我的机会和空间。其次，对于一些善于表达的幼儿，教师可以多安排一些语言类的表演节目，让这些幼儿积极参与活动，表演活动既能提升幼儿的语言表达能力，还能增强幼儿之间的情感交流，让语言表达能力比较强的幼儿带动表达能力差的幼儿，实现幼儿之间的共同学习与成长。在日常语言训练活动中，教师要多了解幼儿的兴趣爱好，结合他们感兴趣的素材开展语言技能训练，让幼儿能够全身心投入语言训练活动中。最后，教师还要善于挖掘幼儿语言表达过程中的潜能与闪光点，有的幼儿语言表达、交流的逻辑性比较强，有的幼儿语言表达、交流较为流畅，还有的幼儿在语言表达与交流过程中非常有礼貌，这些都能成为教师鼓励与肯定幼儿的因素。所以教师需要多挖掘、发现幼儿的闪光点与潜能，这样既能提高幼儿参与语言表达的自信心，同时也能让幼儿继续发挥自己的优势，多学习其他幼儿的语言闪光点，促进幼儿共同学习与进步。

第二，利用环境因素，帮助幼儿开展语言训练并促进其发展。在幼儿园教育活动中，环境发挥着重要作用，教师一定要善于利用环境帮助幼儿开展语言训练活动，丰富幼儿交流与沟通的内容，让幼儿脑海中拥有共同的东西去交流。首先，生活中的任何一个活动与环境都能成为幼儿之间交流的内容，幼儿拥有越多的生活体验，能够表达与交流的内容就越多。教师需要不断丰富幼儿园的区域环境，让幼儿在近距离接触幼儿教育环境的同时有所感悟、启发。并且教师要善于引导幼儿把这种感悟和启发进一步表达出来，可以是和教师沟通与交流，也可以是和其他幼儿去探讨，无形之中还能增进幼儿之间的情感。其次，教师要引导幼儿参与环境建设，幼儿环境建设的过程，也是表达自己、和他人交流的过程，在环境建设期间，幼儿会产生较多问题，这时教师可鼓励幼儿勇于表达自己的问题与想法，如葡萄为什么是紫色的？鸡蛋为什么是圆的？这些都能成为幼儿之间沟通与交流的语言内容。教师要对勇于提出问题、进行交流的幼儿给予一定的表扬与肯定，增强他们表达与交流的自信心。最后，教师可以结合幼儿的日常生活开展语言训练活动，让幼儿在最自然、最和谐、最放松的状态下交流与沟通，潜移默化地提升幼儿的语言表达能力。教师还要有针对性地引导幼儿表达，结合幼儿的语言薄弱点引入语言训练活动，这样才能真正意义上提升幼儿的语言表达能力。

第三，引入有效、积极的互动策略，提升幼儿语言技能。在幼儿语言教学活动中，要想提升幼儿整体的语言表达能力，教师一定要善于引入有效与积极的互动策略，以此来提升幼儿之间的互动效果。首先，一定要重视幼儿在教育活动中的反应与表现能力，教师要认真观察幼儿的需求，并且采取适当的方法进行应答，讲究探究合作的互动教育。其次，教师一定要让幼儿之间能够真正互动起来，在幼儿互动的过程中，教师必须设计清晰的互动流程，让幼儿明确自己要说什么、怎么说，在这一过程中要注重语言交流的简练与清晰，让幼儿在互动交流中重点突出交流内容，教师要做到在不打断与影响其他幼儿交流的情况下进行沟通。同时，教师要给予幼儿交流科学的评价，让他们发现自己在交流中存在的不足，从而加以改正。最后，教师要使用非语言指导来引导幼儿之间的互动，非语言指导对于幼儿来讲，具备更强的吸引力。教师要多发现幼儿的闪光点，善于运用非语言动作鼓励幼儿，非语言指导能够让幼儿之间实现持续互动，在自然状态中表达自我。

（二）家庭教育指导能力

第一，幼儿教师需要在教育活动中，加强与家长的沟通，需要学习和家长交流的技巧，对家长所提出来的问题或者存在的困惑认真耐心地倾听，需要以家长所能够理解的语言和家长交流，并解答家长的困惑。幼儿教师需要结合所学到的专业知识照料幼儿的日常生活，需要在掌握更多照料幼儿的技巧和方式后，和家长进行沟通交流，对家庭教育中的技巧进行讲解，以此加强家长对这些技巧的掌握。幼儿教师还需要增强自身研发家庭教育课程的能力，教师需要对通识类、专题类、亲子类和家长互助类等家庭教育课程进行学习研发。所谓通识类就是教师在和家长之间的交流沟通中，对基本的家庭教育观念、知识和方式等进行传授。专题类就是幼儿教师需要对不同年龄的幼儿进行了解，需要在掌握幼儿的发展需求后，开设具有针对性的课程。亲子类的课程包括有主题的亲子课程，家长要抽出时间，和孩子一起参与教育活动。家长互助类课程，是需要家长之间针对自己的家庭教育经验进行交流，教师需要在家长的交流中，了解家长的家庭教育情况，发现不当时需要指出，并提供更好的家庭教育方式。作为幼儿教师，还需要利用各种方式，如专家引领、同伴互助等，对与幼儿园发展、幼儿发展相符合的家庭教育课程进行研发，必要时还可以直接准备家庭教育教材和活动手册，将这些教材和手册分发给家长。如此可以提高教师的家庭教育指导能力，提升对幼儿的教育成效。

第二，在幼儿教师家庭教育指导能力的提升过程中，教师还可以拓展家园交流沟通渠道。在当前环境中，信息和网络的不断发展，人们交流和沟通更加方便和快捷，而现代化的QQ、微信等网络交流方式也已经逐渐取代传统的家访方式。为此，幼儿教师可以利用平时的空余时间，利用网络技术等，拓宽家园交流沟通的渠道。幼儿教师可以依托幼儿园，构建微信公众号平台进行家庭教育信息的推送。家长可以在网络化的交流沟通渠道中，对幼儿园的各项工作进行及时的了解，也可以通过对平台中家庭教育经验的学习，来调整和改变自身的家庭教育方式。教师也可以以幼儿教育教学、幼儿身心健康、幼儿发展规律和需求等为针对点，在班级微信群中和家长加强交流，以此加强家长对幼儿发展情况的了解和掌握，提升教师的教学效果，彰显出家园共育的必要性和实效性。另外，幼儿教师还需要以家庭教育指导为主，联合幼儿家长、社会各行各业的志愿者，利用可以整合的资源构建家庭教育支持网，有计划地提升自身专业化的指导能力。

(三)观察能力

观察能力是幼儿园教师专业能力的重要组成部分,是幼儿园教师在特定活动情境中对幼儿的学习与发展进行观察记录、分析解释与支持帮助的能力。观察作为幼儿园教师进行"幼儿研究与支持"的基本方法与手段,既是幼儿园教师研究与理解幼儿的主要方式,也是幼儿园教师基于对幼儿的研究与理解,设计与改进教育教学活动、支持与促进幼儿学习与发展的逻辑起点。

第一,观察是幼儿教师了解幼儿的重要途径。幼儿的言语表达、行为表现、思维方式、社会认知等方面的发展都具有明显的外在性,幼儿的心理活动主要通过语言、表情、动作、行为等方式表露出来。幼儿教师可以通过观察来了解幼儿的认知水平、行为特点、个体差异、兴趣倾向,以及身心各方面的成长变化。例如,当发现一些幼儿平翘舌不分或普通话不太流利的时候,幼儿教师就要进行观察,在平时与幼儿沟通的过程中注意幼儿的发音与口型。只有对幼儿语言发展水平有了大致的了解,幼儿教师才能针对具体的情况采取合适的措施,给予幼儿正确的指导。同样,幼儿教师通过观察还可以了解幼儿的健康状况,如幼儿能否做到冷了穿衣服、热了脱衣服、饭前洗手等。幼儿教师要想做到对幼儿的全面了解,观察是最便捷、最直观,也是最重要的途径。

第二,观察是幼儿教师指导活动的基本前提。观察是教师设计活动、调整教育方法、教育策略的前提。幼儿教师要具有观察了解幼儿、掌握不同年龄幼儿身心发展特点与个体差异的能力。幼儿教师要根据幼儿的特点和需要,给予适宜的指导,并能引发和支持幼儿的主动活动,引导幼儿在游戏活动中获得多方面的发展。幼儿教师如果没有对教育对象、教育情境等方面进行耐心和细致的观察,教育活动就可能趋向盲目和脱离现实。幼儿教师应当时刻注意幼儿在活动中的表现,观察幼儿在活动过程中是否遇到阻碍,是否发生冲突等。没有调查就没有发言权,没有观察就无法给出具有针对性的指导。只有建立在真实情况基础上的指导与教育,才是真正贴合幼儿实际发展所需要的指导,才是真正促进幼儿持续健康成长的教育。

第三,观察是幼儿教师专业发展的必备能力。教育教学活动是一种专业性活动,它需要教师通过严格而持续的学习和训练,掌握专业化的知识和特殊的技能。观察是教师专业知识技能中的核心专业技能之一,是每位教师胜任教育教学工作必备的专业能力,也是教师在专业活动中的基本构成性的专业行为。专业型教师与普通型教师的区别之一就是,两者对课堂情境中关键事件和重要特征的关注、识别与分析解释能力的不同。在教师教育领域，教师专业观察力是作为专业人员的教师运用专业知识有效识别和解释课堂中关键事件的能力，是一种重要的教学专业能力和教师专长的重要组成部分。一方面，作为幼儿游戏的重要支持者、合作者和引领者，幼儿教师只有通过有效的观察，才能够及时有效地把握幼儿当下的兴趣和需要，从而更好地支持和指导幼儿游戏；另一方面，幼儿教师参与观察的过程也是研究幼儿的过程，是专业提升的过程。实现自身观察能力的提升，促进自身的专业化成长，是当代幼儿教师最迫切的要求之一。

（四）反思能力

反思是一种积极的对话、有益的思维和再学习的过程。林崇德曾说：反思是用批判和审视的眼光，来看待自己的思想、观念和行为，并做出理性的判断和选择，从而实现自己思想观念和行为的巩固、完美和变革。每天和幼儿在一起，有感动、有幸福，也有烦恼和忧伤，但无论何种感受，都是幼儿教师成长历程中难得的体验与收获，会在幼儿教师心间留下美好的回忆。幼儿教师和幼儿每天都会发生很多故事，幼儿教师要有教育的敏感性，在日常保教中观察、参与、指导幼儿的各环节活动，分析、思考教师在各项活动中的教育行为，积累有效的经验方法。而要想了解幼儿，教师先要观察幼儿，由此才能对自己今后的教学进行客观的评价。面对不断成长中的幼儿，教师会遇到许多问题，所以应进行主动性、创造性的反思，学会理性思考，促进专业成长。通过学习和自省，教师可以在今后的教学中不断提高、不断创新，形成教学的新动力。

第一，通过反思，教师能更新教学理念，并将学习到的新理念运用于教学活动中，更好地服务幼儿；第二，通过反思，教师能够更好地将理论运用于每日的工作实际，更好地运用于每一次教学活动中；第三，通过反思，可以提高教师的教学科研意识，做一名科研型教师；第四，通过反思，教师能够调动积极性和创造性，使教学日趋成熟；第五，通过反思，教师能充分发挥幼儿的主体性和教师的主导性作用，让幼儿和教师体验更多的幸福感与获得感；第六，通过反思，教师能够养成批判性思维，并在每日的实践中不断自省、不断提高。

反思型幼儿教师是适应时代发展的新型幼儿教师形象，教育反思能力是现代幼儿教师的必备素养之一。作为一名幼儿教师，首先，不能把写课后反思看成是应付工作的一项任务，反思应是来自对每日教学实践的思考，在每日、每课的反思中慢慢积累经验，逐渐形成教育智慧；其次，反思要及时、真实，否则随着时间的推移，记忆会越来越模糊，失去了写反思的必要性；最后，反思要及时记录教学活动中的精彩片段，记录幼儿教师在教学中的教育机制，记录课堂中的突出问题。善于反思已成为现代教师一种重要的教育素质，在自我反思的过程中，教师提高了发现问题、分析问题和解决问题的能力，随之不断成长和进步。反思的能力与教师的专业水平、综合素质有直接的关系，反思能力、教学能力与研究能力共同构成了教师整体专业能力。作为一名幼儿教师，定期回顾某段时间内的工作、学习情况，可以培养自己勤于思考、不断学习的习惯，继而积累经验、发现不足，建立一座理论联系实际的桥梁。

学前教育的重要性使得幼儿教师更有使命感和责任感，幼儿教师从事着太阳底下最光辉的职业，这是幼儿教师的自豪和骄傲。但作为幼儿教师，必须不断学习，不断研究与创新，不断反思和总结，不断积累经验，不断地钻研业务，不断反思自己。只有这样，才能使幼儿教师不断改进自我，在不断积累沉淀的过程中提升教学能力和教学质量，才能使幼儿教师由专业性教师转变为研究型教师。

（五）活动设计能力

在做每一件事情的时候我们都应该积极、乐观地去做好，因此，幼儿教师需做好自己的职业生涯规划，以积极乐观的心态对待自己的工作，不断提升自己的专业认知，保持积极向上的学习态度，为自己活动设计能力的提高打好思想基础。

幼儿园活动设计能力需要渊博的知识，主要以活动设计描述性知识、程序性知识、设计策略性知识这三类为主。现今网络教育发达，幼儿教师平时应涉猎各个方面的知识，利用闲暇时间通过网络不断学习最新的各个领域的教学法、教育学和教育心理学课程等，也可以利用教师间的交流，不断丰富自己的实践渠道或者教学实训课程，做到各个方面知识的巩固。幼儿教师的活动设计能力是一种综合能力，在幼儿教师知识和能力综合里体现，幼儿教师对有关知识能力的获取，除了与在工作前学生时代的学校课程相关，还和幼儿园教学模式息息相关。在平时的教学中，幼儿教师应当增强游戏中的互动指引，使幼儿主动创建知识。同时，要改善教学方法，重视幼儿园教师理论的知识向高等幼儿园教育实践衔接，从而帮助自己实现知识的迁移。增进实践教学，加强参观、见习和幼儿活动设计的练习，不断巩固初始教育活动设计的经验。

（六）环境创设能力

第一，在幼儿园教育中，通过选择幼儿园校内基础设施、装饰及其材料和园内设计来为幼儿创设一定的物质环境，这有助于幼儿的智力发展，培养幼儿基本的认知能力。

首先，创设物质环境有助于培养幼儿的认知能力。幼儿在幼儿年龄阶段通常会用通过观察、直接接触及动手操作的方式来感知外界新鲜事物。在此过程中，幼儿能够通过亲身经历来获知事物信息，其在探索自身与事物之间、事物与事物之间的内在联系的过程中能够初步实现在幼儿教育下的尝试性学习。从中能够看出，外界环境对幼儿阶段教育发展的影响，在幼儿园中创设物质环境是为幼儿创设出有利于其提升认知能力的外界环境。一个良好的物质环境能够有效地激发幼儿探索环境的好奇心，培养幼儿的创造力和想象力。幼儿教育阶段，物质环境中材料的稳定性、可操作性及丰富程度在一定程度上决定着物质环境对培养幼儿认知能力的效果，因此，幼儿园在创设物质环境时要十分注意材料的选择。

其次，优质的幼儿园物质环境能够有效地促进幼儿智力的发展，优质的幼儿园物质环境包含了大量能够激发幼儿感知能力的新鲜事物，在新鲜事物的刺激下，幼儿能够较为迅速地认知外界的环境。比如常见的积木，在幼儿园中创设物质环境时，色彩鲜艳的积木能够刺激幼儿动手实践的兴趣。在此过程中，幼儿能够通过选择不同形状的积木和不同的搭建方式去了解积木与积木之间的内在联系，在感知的过程中达到锻炼智力的目的。

最后，物质环境影响着幼儿的社会性发展。在幼儿园中创设优质的物质环境不仅能够培养幼儿的认知能力，提高幼儿的智力，同时隐性但深入地影响着幼儿的社会性发展。幼儿园为幼儿所创设的物质环境中，呈现的设施和氛围直接或间接影响着幼儿行为的养成。以幼儿园常见的色彩缤纷的墙面装饰为例，教师通常会在墙面上呈现具有教育意义的装饰，比如代表着互帮互助等积极意义的装饰，能够隐性地引导幼儿在校园、在家庭及在社会等群体中学会与他人互相帮助，诸如此类的墙面装饰能够有效地培养幼儿行为的社会性质。因此，幼儿园在创设物质环境时要突出表现具有积极意义的装饰，避免反面意义的装饰，以此来培养幼儿良好的行为习惯，对其社会性行为进行正面引导。

第二，幼儿园环境创设中的精神环境创设主要包括幼儿园园长的教育管理方式和幼儿教师的教学理念和教学方式，同时还包括幼儿园这一环境内的教师与学生之间的关系、学生与学生之间的关系，以及教师与教师之间的关系。通过以上方式来完成幼儿园精神环境的基础创设，为幼儿提供一个完善的心理成长环境。在幼儿园中创设良好的精神环境有利于幼儿自我意识和社会意识的培养，对其身心健康发展有积极的作用。

首先，幼儿园的精神环境影响幼儿的认知发展。幼儿园的精神环境意在幼的成长过程中会影响其认知发展,主要是以情感作为创设精神环境的媒介。在幼儿的多种情感中,积极情感与消极情感是同在的,而幼儿园所创设的精神环境必然以具有正面影响的情感为主。比如,幼儿与教师之间、与其他学生之间的平等和谐的交往,就是幼儿园在精神环境创设中为幼儿提供依赖和信任的情感依据。在此类精神环境影响下,幼儿能够积极乐观地看待人际交往,对其认知发展具有正面的引导价值。

其次,精神环境创设能够促进幼儿形成自我意识。幼儿的自我意识指幼儿对自身身心发展情况的认知意识,主要包含幼儿对其自我心理特点、自身生理特点及对其在群体中社会关系的认知。幼儿在幼儿阶段的活动场所主要集中在幼儿园和家庭中,与家庭环境相比,幼儿园能够为幼儿提供更多学习和实践人际交往行为的机会,为其提供了探索自我行为的有利环境。幼儿园教育中对幼儿行为习惯的培养始终影响着幼儿自我意识的形成,而幼儿园所具备的精神环境条件的好坏则直接影响着幼儿自我意识形成的优劣。比如,教师在面对幼儿间产生矛盾争执时,首先应该了解矛盾产生的前因后果,再根据具体的情况引导幼儿在事件中对其行为进行评判,在此过程中教师要公平公正,不能有所偏颇,这也是在创设良好的幼儿园精神环境。教师在此过程中能够与幼儿建立相互信任、和谐健康的关系,并帮助幼儿发现自身存在的问题,正确认识如何与他人的交往,正确认识自我。

最后,精神环境创设影响着幼儿的社会性发展。良好的幼儿园精神环境是培养幼儿社会行为的重要基础。在幼儿园教育中,大多数的幼儿对其教师具有强烈的信任感和依赖感。所以在幼儿教育过程中,幼儿的社会性发展始终受到教师所运用的教学理念和教学方法,以及教师对待幼儿的态度和方式等方面的影响。教师的亲和力和友善力是一个优良的幼儿园精神环境的重要元素,能够帮助教师与幼儿进行轻松愉悦的交流,直接影响着幼儿在自身与他人交往中的行为。在幼儿园中,教师首先要以身作则,与其他教师保持良好的人际关系,通过与其他教师的关心和互助为幼儿营造良好的学习氛围。而且幼儿本身对外界具有一定的主动性,会自主观察和模仿教师的行为,因此,教师间的和谐关系能够影响幼儿在与其他学生交往时的行为习惯,有利于幼儿良好的社会性行为的形成和发展。

(七)一日活动中的组织与保教能力

第一,幼儿入园活动。幼儿入园前,教师和保育员要事先一起做好室内外的卫生打扫、整理工作,迎接幼儿的到来,进行有礼貌的问候,教会幼儿也礼貌地回礼，清点人数，及时问候没有到的幼儿，了解情况。进园前给每位幼儿进行体温监测，询问家长关于幼儿的状况，培养幼儿的健康意识。入园后要教导幼儿听教师指挥不乱跑，培养幼儿的集体意识。

第二，餐饮活动。餐饮活动也是幼儿园中的必备活动。在饮水上，让幼儿了解喝白开水的好处，同时让幼儿了解喝各种果饮、汽水对身体的危害。喝水的时候用自己独立自带的保温杯接水，轻拿轻放，排队打水的时候不要打闹插队。在进行完户外活动后，身体还处于运动状态下时不要马上喝水，等平静些后再喝温水。这些细节都是教师对幼儿的身体进行保护教育。幼儿园餐前，一般会朗诵些歌颂劳动者的诗词句，教导幼儿不要浪费粮食，能吃多少就添多少饭，做到不浪费。用餐前介绍今日菜品、功效和营养，鼓励幼儿不要挑食。不催促幼儿快速吃饭，幼儿把饭菜掉地上不要批评，要与幼儿说，这些都是厨房阿姨辛辛苦苦做出来的，下次一定要小心，不要掉到地上。让幼儿去和打菜阿姨道个谢，再给幼儿添饭菜。在吃饭的过程中严厉批评幼儿会导致幼儿造成心理阴影，以后很长时间吃饭时都可能会战战兢兢，造成严重的心理问题。教师不但要培养幼儿正确使用碗筷，养成积极向上的饮食习惯，更重要的是关心幼儿的心理状况。

第三，午睡活动。幼儿园都有供幼儿午睡的屋子和小床，除了保育员和教师带领幼儿领取自己的小床，还要让幼儿学会自己摆放枕头、脱鞋子摆放整齐，睡觉时候安静，不要乱动，别磕到、碰到床脚，开始睡觉了就不要大声说话，打扰其他幼儿休息。午睡醒来，幼儿要能够自己穿衣服，教师可以组织一些穿衣小游戏，例如比赛班上哪位小朋友先穿好衣服，先叠好被子。穿衣儿歌唱起来，让幼儿跟着歌声自主穿衣服。培养幼儿自主穿衣、睡觉起来整理内务的能力。

第四，盥洗活动。幼儿园盥洗活动主要包括洗手、洗脸、漱口、梳头。幼儿园内准备好幼儿使用的卫生洁具，教幼儿洗手、洗脸的时候先撸起袖子，腰上收紧，不要沾湿衣服，节约用水。饭前、去厕所后、手脏了及时洗手。早上吃饭前刷牙漱口、晚上睡觉前刷牙漱口，教师在幼儿漱口的时候可以唱儿歌让幼儿跟着步骤做：手拿花花杯，喝口清清水，鼓起腮，闭起嘴，咕噜咕噜吐出水。一般午睡后小女孩要梳头，教会幼儿正确使用梳子和梳头方法，梳理完头发后清理梳子和地面。幼儿想去厕所的时候教师领着过去，并告诉所有幼儿男女有别，不要去错地方。养成幼儿在卫生间洗手、洗脸、梳头、上厕所的良好习惯，关注幼儿的基本生活细节，促使幼儿身体健康成长。

第五，教学活动。根据保育和教育相结合的原则，幼儿德、智、体、美、劳全面发展。"教"就是在幼儿园的教育教学中，教师设计目标明确，具备保育结合的教学课程，保证教学与游戏时间适当进行，合理安排一日生活。幼儿在园中获得的多重体验、感官操作，都是为了幼儿的全面发展，扩大幼儿的知识面，开阔视野。小、中、大班的教学要分层进行指导，遵循幼儿的成长轨迹。选择合适的幼儿绘本进行有声阅读，包括多重材料的绘画课程、古诗词朗读、各种有趣的课堂展示等。各个节日时，与家长进行亲子活动，体验节日的意义及有趣之处。保教并重，关注个别幼儿的特殊情况予以辅导，最大限度地激发幼儿的学习兴趣，促进幼儿身心健康成长。

第六，户外活动。户外活动包括早操、体育锻炼、游戏、散步等。教师在带领幼儿进行户外活动之前，一定要提前检查运动器械是否安全，滑梯玩具有没有损坏。幼儿出去前，穿好运动衣、运动鞋，带好水瓶，渴了及时补水，注意好幼儿的身体情况，做好应急处理准备。对幼儿进行运动注意事项的提醒，培养幼儿运用正确的方式运动，做好安全教育。幼儿每天的室外活动时间一定要保证 2~3 小时，运动前做好拉伸动作，防止幼儿在活动中造成肌肉拉伤。准备丰富的游戏活动项目，如集体玩排球、丢手绢、打羽毛球、打乒乓球，教师一定要看护好每个幼儿，保证幼儿的安全。还可以定期举办户外拔河比赛、乒乓球比赛、跳花绳比赛之类的活动。让幼儿在保教结合下的小规模竞赛中培养竞争意识、初步的体育精神和运动精神，以及对运动知识的吸收。

第七，离园活动。引导幼儿和帮助幼儿收拾好个人物品，放到书包里；再收拾好最后一节课用过的东西，整理放置到它们该在的地方；把自己座位周围的垃圾收拾一下，扔到垃圾桶里。排队带领幼儿出园，安全送到家长等候区。送完幼儿后，打扫环境卫生，做好一天的工作总结，在日后的一日活动中更好地进行保育结合幼儿教育。

三、教师道德素养

（一）幼儿教师道德的内容

幼儿教师要对幼儿负责，爱护幼儿，发自内心地关爱幼儿，避免在幼儿面前产生任何负面教育，坚决杜绝体罚等不尊重人格的行为，保持一视同仁的态度对幼儿进行教育。在工作中，幼儿教师要坚守国家教育方针，通过正面的教育促进幼儿的全面成长。与家长进行及时沟通，关注幼儿的内心变化，身体力行为幼儿做表率。在工作期间，衣着得体，不浓妆艳抹，举止要文雅。严格遵守园内行为与工作准则，不以利益为目的向家长索取钱财。积极参与教学方案研究，为促进幼儿事业的发展贡献自己的一份力量。

（二）幼儿教师道德的准则

坚守正确的政治方向，坚守社会主义核心价值观的引导，坚持中国共产党的领导，在教学活动中，不做违背我党方针的行为，不做有损我党名声的事情，认真贯彻党的方针政策。严格遵守法律法规，不做违背人民意志的事情，在不违背国家与社会利益的前提下，追求自身发展。认真履行自身的职责，帮助幼儿树立正确的价值观，传播正能量，避免在幼儿面前展现负面情绪，影响幼儿身心发展。不能借助互联网等渠道发表虚假信息、不健康信息及带有极端情绪的言论，在幼儿面前时刻保持积极向上的情绪，避免幼儿受负面情绪的影响，随后产生效仿行为。

用真心来对幼儿进行教育，幼儿教师在教育过程中要始终以立德树人为根本任务，不仅要做到爱岗敬业，还要充分考虑幼儿的特点，耐心解决教育中遇到的问题。幼儿教师不应在工作中出现消极怠慢的情绪，专注于幼儿教育工作，不在工作期间行便利，不影响教育工作。由于幼儿不具备较强的安全意识，对于在幼儿园期间有可能遇到的危险并没有危机意识，因此，教师要时刻关注每一个幼儿的人身安全，避免产生人身伤害。如果遇到紧急情况，要保护幼儿，不应该只顾自身安危。虽然幼儿年龄较小，心智不成熟，但是面对不公平、不合理的待遇，他们仍然有一定的感知能力，因此，幼儿教师应该公平对待每一个幼儿，不侮辱任何一个幼儿的人格。现阶段，教师对幼儿进行猥亵、体罚、虐待的新闻时有发生，幼儿园方面应该严格遵守办园章程，选拔具备优秀人格的教师。幼儿园应该设立严格的教师管理制度，严格规范教师行为，保障幼儿权益，坚决抵制不良风气在园内盛行，同时，严格规范教师与学生家长之间的交往尺度，不能任由教师随意收取家长财物。

（三）幼儿教师道德的特征

第一，先进性。先进性是幼儿教师职业道德的一大特点，幼儿教师在教学方法的设计中，需要充分分析学生的特点，有针对性地设计教学方案。这不仅要求教师具备过硬的专业知识与技能，还要具备细致入微的观察能力。在教学中，针对课程内容选择适当的教具，培养幼儿的动手能力，以启发式教学的形式调动幼儿的兴趣，吸引幼儿的注意力。形成教师为主导，幼儿为主体的教学氛围，建立健康的师生关系。

第二，示范性。幼儿园的孩子年纪尚小，正处于人生中十分关键的模仿期，因此，他们会将教师当作一个特别厉害的存在对其行为和语言进行学习，甚至还会将老师摆在比父母还要重要的位置上，从而自觉、不自觉地对教师进行模仿学习。基于此，教师要更加重视自己的言行举止，以给幼儿留下更加正面、积极向上的影响，使其自觉学习那些好的行为举止和为人处世的方式，为幼儿今后发展打下良好的基础。

第三，公平性。一视同仁也是教师应该具有的品德，对于教师而言，一个班级的学生学习、家庭条件有好有坏，有可爱乖巧的，也有调皮捣蛋的，虽然学生的诸多差异，会使得教师心中更加偏爱某一部分学生，但这是非常不可取的做法。因为每个幼儿都是特别的，他们身上都有优缺点，作为教师必须对其一视同仁，让所有幼儿都能感受到教师的关怀和爱护，从而营造良好的教学环境和师生关系。为更好地做到这点，教师可以积极参与学生的活动，在讲故事、玩游戏的过程中对学生的个性和闪光点进行充分挖掘。而且这种平等沟通对话的形式也可以促进学生对教师的喜爱，使其更自觉地听从教师的建议，从而在课堂上表现得更好，由此，会更有利于教师进行教育教学。为达到更好的教育效果，教师可以用多种方式表达对幼儿的喜欢和重视程度，例如，言语鼓励、亲近的动作等，令其感受到自己是被重视的，而且在这一过程中，教师还要注意自己的表达习惯，应尽可能采取柔和的语言对学生进行教育，特别是幼儿园的孩子还处于学习的关键时期，其言语表达能力还没有得到十足的开发和提升，在这种情况下，也需要教师耐心聆听学生的真实想法，并鼓励他们表达自己真正想要表达的含义。同时，为了更好地促进幼儿成长，教师还可以在与幼儿沟通的时候将自己的想法、期待及情绪告诉他们，以使教师和幼儿进行更有效的沟通，并以此提升教育效果。

第四，奉献性。教育是一个伟大的行业，教师作为这个行业的重要主体应有更多的奉献精神，以此促进学生的成长。相较于城市而言，乡村幼儿园的日常生活和过程更加复杂烦琐，很容易导致教师产生烦躁、郁闷及气愤的情绪，由于幼儿的感觉十分敏感，一旦察觉到教师的不耐烦或者生气的态度，就会产生害怕焦虑的情绪，感到不安、恐惧，这对幼儿身心成长易造成不利影响。为此，教师应该树立奉献精神，在工作中保持更加良好的心态去面对学生和教学。

（四）幼儿教师道德的重要性

幼儿园本该是一个温暖、平安、快乐的成长乐园，国家高度重视学前教育，对学前教育的投入力度也在逐年增加。但是，近年来不断出现幼儿园虐童事件，引起社会热议，幼儿园教师的职业道德和幼儿园相关管理条例的作用开始受到质疑。因此，提升幼儿教师职业道德水平，提升幼儿教师队伍整体素质至关重要。幼儿教师职业道德是指幼儿教师必须具备的、用以判断自身职业行为的是非善恶的、保证职业行为的向善性的内部心理品质，具有超越性、现实性与指导性等基本特征。新时代幼儿园教师职业行为十项准则，包括坚定政治方向、自觉爱国守法、传播优秀文化、潜心培幼育人、加强安全防范、关心爱护幼儿、遵循幼教规律、秉持公平诚信、坚守廉洁自律、规范保教行为。幼儿教师职业道德对幼儿身心发展有着重要意义。

第一，良好的幼儿教师职业道德促进幼儿身体健康发展。幼儿教师职业道德高尚体现在日常行为管理中，有良好职业道德的幼儿教师促进幼儿身体健康发育，而职业道德缺失的教师则会阻碍幼儿身体健康发育。幼儿教师职业道德水平高的教师以幼儿为中心，主动学习《幼儿园教育指导纲要（试行）》（以下简称《纲要》）和《3~6岁幼儿学习与发展指南》（以下简称《指南》），尊重幼儿生长发育的规律，严格按照《纲要》与《指南》提供适宜的条件以满足幼儿身体发育的需要，帮助幼儿健康成长，养成良好的生活习惯。相反，职业道德水平低的教师在日常教育、管理中的行为往往与《纲要》和《指南》背道而驰，如在开展活动后，许多幼儿由于害怕被责备，不敢向教师提出上厕所的要求，结果出现尿裤子的情况，进而对幼儿的生理功能造成不良影响。

第二，良好的幼儿教师职业道德促进幼儿的心理健康发展。幼儿心理发育尚未成熟，若幼儿教师不能按照要求对幼儿进行保育和教育，做出违反职业标准和道德的事情，将会对幼儿的心理造成重大的伤害，甚至影响幼儿的一生。职业道德水平高的教师熟悉3~6岁幼儿各个年龄阶段的心理发展水平特点，从而能够关注幼儿的心理健康发展，在日常教育与管理中用关怀、接纳、尊重的态度与幼儿交往，尊重幼儿的个体发展差异，因材施教，努力使每一个幼儿都获得满足和成功。而职业道德水平低的教师则可能会不顾幼儿的自尊，公开进行言语辱骂，甚至进行肢体处罚。长期使用此类冲击性言语和行为与幼儿沟通，会导致幼儿出现自卑、恐惧社交等问题，伤害幼儿自尊心，降低幼儿的求知欲，限制幼儿的言语表达能力发展，对幼儿的心理健康造成严重的负面影响。

第三，幼儿教师职业道德影响幼儿道德发展。3~6岁的幼儿好奇、好问、好模仿，教师、家长都是其模仿对象。尤其是教师，其一言一行都是幼儿每天会仔细观察的对象，而后体现在生活中。教师在幼儿教育过程中的角色不仅是知识的传递者，而且是幼儿学习活动的支持者、合作者、引导者。因此，作为幼儿模仿的主要对象,教师良好的职业道德素质就像一盏明灯,指引着幼儿前进的方向。倘若这盏灯是明亮的,那将指引幼儿在正确的道路方向上走得更远;倘若这盏灯是昏暗的,那么幼儿在成长道路上就容易迷失方向。因此,教师的职业道德素质对幼儿道德的发展有潜移默化的重要影响。

第二节 幼儿园教师的专业发展

一、幼儿教师专业发展的阶段

对于"教师专业发展"的理解,现在国内外很多学者提出过不同的观点,有从教师专业成长过程或阶段来阐述的,有从教师专业标准的方向思考的,也有从教师专业素质的角度考虑的。

教师的专业发展不仅是纵向的时间跨度,也是横向的广度变化。这种变化包括教育教学理念、职业的认同、师生观、专业知识、专业技能的发展与变化。幼儿教师是教师队伍中的一部分,与其他学段的教师相比具有鲜明的特殊性。首先,教育对象的特殊性,幼儿教师面对的是3~6岁的儿童,他们在心理和生理发展方面具有独特的代表性,掌握学前儿童的年龄、心理特点是对幼儿教师的基本要求。其次,幼儿学习的特殊性,幼儿的学习不是单科的知识学习,而是生活化、游戏化的直觉体验。幼儿教师在教学内容上或者教具上,都要关注幼儿的直接经验。最后,课程的特殊性更需要教师的教育智慧,幼儿教师必须善于把握预设课程与生成课程的关系。要善于发现幼儿感兴趣的事物、游戏和偶发事件中所蕴含的教育价值,把握教育时机,积极引导。以上这些特点充分体现了学前教育与中小学教育的不同之处,这也就意味着幼儿教师在专业发展要求上也是不同的。

总的来说,教师专业发展就是教师通过各种途径的学习、对自身在教育教学的反思和探究,提高自身专业知识、教学技能和职业认同感,不断达到专业成熟的过程。这个过程强调终身学习。

教师专业发展阶段的研究是以美国学者费朗斯·富勒(Frances Fuller)编写的《教师关注问卷》为开端,他认为成为教师的发展历程具体包括四个阶段:教学前关注、早期生存关注、教学情景关注、关注学生。美国学者罗伯特·卡茨(Robert Katz)以幼儿教师为研究对象,通过问卷和访谈提出了教师专业发展的四个阶段:生存阶段、巩固阶段、更新阶段、成熟阶段。伯顿(Burden)提出了教师生涯循环发展理论。他认为教师发展经历了求生存阶段、调整阶段、成熟阶段。

此后，也出现了不同的教师专业发展的阶段理论。叶京通过整理国内外教师发展阶段的已有研究提出，教师的发展阶段可以划分为五个阶段：新手水平（新手教师）、高级新手水平（熟练教师）、胜任水平（成熟教师）、熟练水平（优秀教师）和专家水平（卓越教师）。罗亚玮把特级教师的成长发展概括为四个阶段：入职前的准备阶段、入职初的胜任和积累阶段、入职后的成熟阶段、成熟期后的发展阶段。周春良的博士论文中通过对多位特级教师成长阶段的分析，经过对比和提炼，总结了特级教师成长发展的四个阶段：适应阶段、发展阶段、成熟阶段和超越阶段，并从教龄、教学方法、教育理念、教学成效等维度考察了不同阶段的特征。

尽管各种阶段划分不尽相同，但这些理论也有许多相似之处：首先，将教师的工作年限作为划分教师专业发展各阶段的主要依据，强调教师在专业发展上是随着时间而不断发展变化；其次，也注意到教师发展过程各阶段都有个体差异，注意个性化的培养；最后，完整地看待教师的整个发展历程，把教师专业发展看作一个漫长的、持续的、动态的过程。教师专业发展阶段一方面具有连续性，另一方面也显现出不同阶段的教师在专业发展过程中的关注点和任务是不同的。

二、幼儿教师专业发展的动机

将幼儿教师专业发展动机理可以解为幼儿教师为专业发展所需要发展意识、发展规划、发展行为、发展评价与反思的动力，并对幼儿教师专业发展行为起到激发、定向和维持作用。

在教师专业发展的过程中，教师作为教育教学科研活动的参与者和主导者，他们的专业发展动机将直接影响其对教学、科研行为的选择和他们专业发展的进程。教师对于教学、科研的态度和行为，是其专业发展动机显著的外在体现。教师的专业发展动机并不是一成不变的，而是受内外因素影响处于变化的。根据动机的自主程度将动机分为理想追求型动机、兴趣愉悦型动机、价值实现型动机、利益驱动型动机、外力强迫型动机、责任依附型动机、无动机。

（一）发展意识

发展意识是教师发展的一种内部驱动力，是指幼儿教师对于专业发展中价值的自我认识和职业认同，在充分认识自己特点、环境、制度等优劣势的基础上，因势利导表现出相信自己有能力自我发展，并且对自己的发展表现出积极的状态，分析自己发展的一种认知能力。它是教师专业发展的基础，既包括教师对自己的认知，也包括教师对职业的认知。教师对自我的感知来自外部的评价及自我的定位，总体来说，教师的自我效能感较强，有清晰的自我定位，也有较强的职业认同感，热爱幼儿教育事业，有较强的内在动机，正如成人的学习需要有明确的学习意识。教师作为成人的学习者处于不同的环境中要承担着不同的角色要求，包括该身份该去认识什么样的知识、产生什么样的行为等。但是身份并不是在某一个实践共同体中形成的，而是在多种成员关系的交汇中形成的。因此，对于教师个体来说身份具有多重性。对在幼儿园中的教师来说身份意味着归属，这种身份的建构就要求个体去寻找自己能够归属的共同体，并从中获得身份所象征的知识。教师这种对个体内部的心理需要远比寻求更好的工作、获得职位提升或薪金提高等外界环境的压力更能激发学习动机。

（二）发展规划

发展规划是一种个人对于未来自己职业的一种描述和陈述的力量。具体来说，就是指幼儿教师在对自己过去发展过程的反思，对未来发展表现的期待，通过对自我、各种时空因素的综合考虑下，对自己的专业发展做出的一种计划安排的过程。具体包括：合理安排幼儿园中学习任务，在幼儿园的安排之外对于自己长期或短期的发展计划中学习内容、方式、时间、策略的选择，对学习效果的期待。在幼儿园中，教师有清晰的发展规划，有灵活的学习规划，学习过程需要及时调控。首先，目标是每个人努力的方向，正确的学习目标会激励人的内心，令人奋进。正如马尔科姆·诺尔斯（Malcolm Knowles）强调，每一种发展任务都会产生"学习的准备性"，准备是有效学习的基础，当学习准备达到高潮时就会产生一个"可教时刻"，因此，目标的制定就是一个学习的准备。在组织中对于个人学习目标的需要分析下，再合理取舍汇总成为组织共同的学习目标，这个共同的目标就可以看作共同的发展愿景。共同愿景的力量源自共同的关切，有激励、导向、规范、凝聚组织中成员的作用，它也是促进教师队伍发展的有效途径。其次，制订一个完善的发展计划，如何使其发挥出最有效的作用，关系到自身对学习策略的选择。现代成人教育的方法都在朝着一个方向发展，那就是创造各种方法，设计学习活动，参加学习活动，参与评价其进步，它不受时间和空间的限制，学习内容广泛丰富，学习场所也灵活多样，它不但能顾及学习者的个别差异，更主要的是能满足学习者的不同需要。因此，这里的学习策略包括了学习开始前对于时间的筹划、方式的选择、学习内容的确定。

（三）发展行为

发展行为是指教师在自己发展意识的推动下，按照自主发展规划与目标，通过灵活的自我调控与优化，展开实际的专业发展的活动。行动是对规划和意识的展现，脱离了实际行动的规划，教师的发展就只能停留于空想。幼儿园中教师学习方式多样，教师针对问题改进采取的活动及对于幼儿园任务的妥善安排等，这是教师自主专业发展的根本体现。同时，幼儿园中是个体活动与集体组织相结合，因此，教师对组织活动和管理有一定的依赖性。教师是发展中的个体。首先，教师要不断学习，构建自己的知识结构和理论体系，使理论联系实际。这是一个无止境的思考和学习过程，是教师专业发展的基础。因此，个体学习是发展的基础，只有个体学习才能有效地促进组织的进步。在集体中，个人学习是组织学习的基础，要提升组织学习力，首先必须提升组织中每一个成员的学习力。教师在组织中按照一定的计划进行个体学习、获取信息、改造自身、创新教学工作、改变生活状态的能力，它是教师学习动机、毅力和能力的综合体现。其次，成人学习理论的情景性也认为学习的本质是个体参与实践，与他人、环境等相互作用的过程；是与群体之间的合作与互动的过程。这就需要教师调控个人与团队之间的协调关系。发展不能忽略群体而独自前行，只有在个人、组织的共同努力下发展才能永无止境。要看到组织学习最终是通过个人学习的方式来实现的，但是组织学习是在个人学习的基础上更加复杂化，所以他们之间应该是相互影响的关系，但他们不是简单相加的过程，而是通过知识的转化传递来转变的。另外，由于个体的知识存在于个体的头脑和身体技能中，是他们实践性知识的展现。

（四）发展评价与反思

发展的评价和反思就是指教师对自己学习发展的效果的一种判断与改进的过程。教师专业发展评价是通过提供专业、准确、完整的信息，保证教师专业发展活动是否能能达到预期目的，对教师教育活动进行价值判断的过程。在幼儿园中，教师对自我的评价趋向正面，外部反馈具有指导作用，通过外部反馈对自己的评价及计划进行修改、调整。学习组织理论强调要学会系统地思考，这里的系统不是说宏观地看待自己的发展，而是要对自己的发展时刻进行评价和反思，教师专业发展的评价标准是以教师专业发展科学规范为依据。其中，包括名师幼儿园对教师发展的评价与教师对该评价所做出的反思，与教师在与成员的交流中相互之间的评价与反思的活动，并在此基础上又对自己下一步的发展产生了一定的分析、规划和行动的过程。

三、影响教师专业发展的因素

教师的专业发展是一个持续、动态、终生的过程。在这个过程中会面临各种各样的影响因素,这些因素有些来自内部,有些来自外部。

(一)内部因素

影响其专业发展的内部因素主要有三点,认真执着的性格、钻研挑战的精神、对本职工作的热爱。

第一,教育不是一蹴而就的,而是循环往复不断上升的,对于教育中出现的某类现象的研究,也需要有一定的坚持性,只有坚持去做,不断挖掘,才能有所收获。课程故事要一句一句地斟酌,仔细地修改,准确地分析,要有理论依据,不能凭空所想;教研活动要详细记录要点,逐一分析,总结下一阶段需要完善和进步的方向;外出学习可以将每次活动拍摄下来,后期与组内的同事研讨分享。认真执着的人在对待各种事情的时候都会尽心尽力,力求完美,遇到困难也不会轻言放弃,反而会逆流而上,攻破一个一个难关。这样性格特点的人在工作中也会较其他人容易出成绩。

第二,"敢为性"是个体勇于冒险、敢于挑战的特征。具有挑战精神是优秀教师重要的专业特征,也是幼儿园教师进入成熟期的必经之路。幼儿园教师课题研究是有一定难度的,但是要有敢于挑战突破的精神,不断学习研究方法和相关领域的理论知识,将其作为提高专业能力的一种手段。幼儿教师应当具有很强的专业意识,在科研方面有自己的想法,能耐心地观察幼儿,发现问题,再与教师讨论。具有钻研和挑战精神的教师在面对困难时不会止步与退缩,也不会安于现状,停留在舒适区,他们喜欢接受新事物的挑战,敢于尝试不同的教育方法,勇于越过自己的舒适区,挑战自我,激发潜能,乐于钻研教育问题,促进自身的专业能力不断进步。

第三,专业知识要牢固地建立在良好的道德观念上,不然再多的专业知识也不能建立起人们对待事物的正确观念。专业知识和技能并不能全面正确地解读教师专业发展的内涵。如果说教师专业知识是教师专业发展中的硬件,那么教师职业情感则可以视作软件。热爱教育工作、热爱学生是教师情感的本质体现和首要前提,没有深藏于心底的对教育工作的执着与热爱,教师专业发展就缺少了最为珍贵的灵魂。情感使教师专业发展由被动走向主动,情感使教师专业发展拥有生命活力。幼儿教师对待自己的工作认真负责、有专业担当,这些都源自对本职工作的热爱,对幼儿的由衷的喜爱。只有自身有对工作的认同与热爱,才能发挥自己的内驱力,有从内心把本职工作做好的动力。

(二)外部因素

有学者提出影响幼儿教师专业发展的外部因素可以归纳为:时间因素(时代、关键期、突破期)、空间因素(地域因素、学校文化、教研组)、人物因素(师长、领导、专家、学生、同事、团队)、事件因素(公开课、教研活动、课题研究)、机制因素(校本教研机制、评价奖励机制、宣传表彰机制)几个方面。本书总结幼儿园教师专业发展的外部因素主要包括良好的环境氛围、关键事件的转折、优秀的教师团队及有效的资源获取。

第一,环境有物化环境和人文环境。良好的幼儿园氛围使教师在工作中能够实现自我价值,获得职业幸福感,有集体的归属感,对于发挥幼儿教师的主观能动性和创造性具有很大的帮助。如果幼儿园的整体氛围是大家都很上进,且研讨的气氛每次都很浓烈,大家有时候会为了一个问题进行不同观点的争论,犹如一场辩论赛,那么,幼儿园的良好氛围会带动全体教师的工作热情。如果一个人很有激情,很有想法,很想投入工作中,但是周围的同事都是得过且过,久而久之,自身也会被群体同化。因此,良好的奋进环境会造就一批积极努力的教师,优秀教师带领年轻教师齐步走,助推青年教师成长。

第二,在人的一生中,会有很多的关键事件发生。关键事件是指对个人有重要影响的事件,教师会在该事件中获得发展或做出关键性的决策,它促使教师对可能导致专业发展变化的某种行为做出权衡下的选择。关键事件之所以对教师专业发展有着重大影响,主要在于它会引起教师原有认知的变化,促进教师接受新的认知方式。

第三,在教师专业发展的道路上,一个优秀的教师团队会助推彼此的专业发展,是教学经验与资源的有效分享,有利于教师专业素养的共同提高。青年教师的成长需要有经验的教师指导与帮扶,有经验教师在与青年教师的交互中也会更新观念和知识。优秀的教师团队,会使每一位成员都能在温馨、互助的氛围中共同学习、共同成长,为彼此的专业发展提供坚强的后盾。在团队中一次次的教研磨课,使得教师能在优质课、展示课中取得好的成绩,先进的榜样也会成为团队中其他人学习的榜样。

四、激发教师专业发展动机的途径

教师专业发展动机有不同的影响因素,因此,对于激发教师专业发展动机的途径也不相同。一般而言，教师专业发展动机分为内部动机和外部动机。教师专业发展内部动机是与教师专业发展有关的个人内在特质因素，比如有事业心和责任感等。教师专业发展外部动机主要是外部环境的影响，包括社会、学校等。内部动机和外部动机所起的作用不一样，前者对教师专业发展起决定作用，后者对教师专业发展起辅助作用，所以，需要重视这两种动机，并注重将外在动机转变为教师专业发展的内在动机。教师专业发展是教师个人、学校、教育行政管理部门等多方努力合作的结果。把握好教师的需求和教师的工作目标，调动教师的内在动机、外在动机，对促进教师的专业发展有十分重要的意义。

激发和培养教师专业发展动机，要同时考虑内部动机和外部动机，首先考虑内部动机，从各个层面、通过各种方式进行引导和支持。为了激发和培养教师专业发展内部动机，教师个人需要具备自我专业发展意识，不断坚持自主学习最新的教育理念和教学方法，大胆尝试和探索，使理论应用于实践，又在实践中发展能力、丰富理论。同时，为了激发和培养教师专业发展外部动机，相关教育部门和幼儿园需要为幼儿教师提供一个好的发展环境。一方面，学校应该改善软、硬件工作条件，关心、尊重和支持教师需要，保障教师专业发展，完善管理体系，积极营造民主宽松、相互配合、共同学习和研究的氛围，为教师发展提供良好的空间；另一方面，各级教育部门要对教师专业发展予以关注和保障，制定支持教师专业发展的制度系统，推进教师专业发展学习和研究基地的设立，关注教师专业发展交流及互助平台的建设，持续提供前沿的教育理念和资源，帮助教师挖掘和发展专业发展方面的潜能。

第三节 幼儿园教师的发展规划

一、幼儿教师发展规划

在未来发展的视角下，幼儿教师发展规划是教师对于未来如何教学的一种图景，也是教师对未来理想工作实践的思考。一些学者认为幼儿教师发展规划是一个不断总结发展的过程，既是教师通过总结过去的经验，从而勾勒出的"未来取向"，也是教师根据自己的认识、经验、理想价值观念，结合自身所做出的预测。在愿景管理的视角下，幼儿教师发展规划是全体教师共同构建起的共同目标，将个人愿景与学校愿景融为一体，激发教师的工作热情，引导教师在愿景的驱动下自觉付诸实践，是实现管理效能最优化和学校发展的一种持续化过程。在领导者的角度下，则是将幼儿教师全面发展与学校可持续提升的愿景进行共享，通过愿景化的行动以增益自身与组织水平。在教学的视角下，幼儿教师发展规划关乎未来的学习、教学活动景象，为教师指出方向和动力。在幼儿的视角下，幼儿教师发展规划的最终目的是帮助幼儿未来成为什么样的人。在教师发展的视角下，幼儿教师发展规划是动力，激励、指导教师的发展方向，为幼儿教师发展提供保障。对幼儿教师自身，规划是对自己未来理想职业角色形象的设想，内容与日常工作紧密相连，体现了教师赋予工作的意义。

发展规划是具有阶段性的，每一个阶段要做什么，该怎么做，在规划中都应有所体现。在职业生涯开始阶段可以设定短期的发展目标。这个阶段会影响之后的优势发展。逐渐地，教师要找到自己的优势所在，将其发挥出来，并且不断地加强，而后深入教研，积极参与教研和科研，将教学的经验上升到理论层次。教师针对自己所处的阶段，设定相应的目标，可以是阶段性目标，也可以是长期性目标，再根据这些目标制订符合自身的规划。

二、影响幼儿教师发展规划的因素

（一）环境因素

首先，幼儿园规章制度可能对教师规划有所影响。幼儿园规章制度是指教师评价制度、进修制度、园本学习和培训制度，以及幼儿园其他日常管理制度等。已有研究结果表明，幼儿园规章制度与教师专业发展之间呈显著的相关性。规章制度会对幼儿教师职业承诺水平、教师自主学习产生影响，过于严格的制度会挫伤教师的积极性。另外，考核评价制度与管理评价制度的不合理也会降低教师自主学习的动机，还会影响教师的行为方式和精神状态。此外，幼儿园对教师的评价管理缺乏针对性都会影响教师的发展。其中，幼儿教师的升职加薪方式这一财务管理制度也会影响教师的规划发展。在园本学习中，制度上，绝大部分幼儿园中园本培训、教师进修培训制度不明确，无固定的时间、形式。还有一些幼儿园的发展理念相对落后，园本培训、帮扶活动等项目匮乏。内容设置不合理，培训中重理论、轻实践。某些地区民办幼儿园无固定的教研活动、教师课后无研讨，都会使专业发展得不到有力提升。形式上，表现为过于简单、氛围弱、流于形式，无相应的考核机制。方式与时间上，园本培训组织方式和时间频次安排不合理。在培训制度中，培训项目的名额限制也是问题之一，如何选拔幼儿园教师外出培训既关乎园所管理制度，也关乎教师个体的学习。当前，幼儿园对幼儿教师培训的重视程度不够，培训费用缺乏、培训制度执行力不强、机会少、制度不健全、形式单一、内容过于空洞等一系列问题使教师得不到适当的学习、教师专业发展所需的时间得不到保障。民办幼儿园职后培训不足、培训内容无针对性，对教师的帮助不大。

其次，支持系统是影响教师规划发展的重要因素。幼儿园支持系统是指幼儿园为教师专业发展所提供的客观条件，有物质条件、福利待遇、专业发展时间等。物质因素对幼儿教师的专业成长起到了一定的制约或促进作用。从薪资待遇上看，目前我国幼儿园教师的工资低、待遇差。一方面，工资待遇是衡量社会对幼儿教师职业重视程度的标志之一，不同收入状况对幼儿教师安全感、幸福感、社会支持与生存质量，以及教师专业认同发展轨迹都存在影响；另一方面，薪资待遇差会导致幼儿教师的社会地位下降、从教意愿减弱、教师队伍稳定性下降并影响学前教育的均衡发展等。而非在编教师工资低，大多没有评定职称，学习评优等方面机会较少。从教学设备上看，幼儿园的资源条件、经济状况与教师专业发展动机有着较为密切的关系。幼儿园不能为教师提供有利于教师学习的资源条件，如教具、器材等设备供应不足、教学设备使用率不高、缺乏专业引导、部分教师操作不熟练等。

最后，幼儿教师普遍工作时间较长，专业发展时间少，导致教师无时间专注自身发展，割裂了教师的可支配专业发展时间，使教师出现专业发展的空心化、封闭化和碎片化现象。

（二）个人因素

教师个人因素影响其愿景的建立。个人因素在教师自我愿景构建中影响力度由高到低分别为：才华的展现、自己的想法和愿望、所学专业。首先，教师认为，实现自我愿景是为了让自己的才华得到展现，得到他人的肯定。其次，自己的想法与愿望会影响教师的发展，比如自己未来想要成为一名什么样的教师。最后，如果教师所学专业是学前教育，那么对于幼儿教师所必备的职业素养与个人技能都会有一定的掌握与了解；如果所学专业非学前教育，那么教师对于自我愿景的构建可能毫无头绪，甚至都不知道、不了解幼儿教师的职业特性，以及如何成为一名合格的幼儿教师。

学历会对幼儿教师专业发展水平产生影响。本科及以上学历的幼儿教师知识体系与技能相对丰富一些，专业能力较强。大专学历的幼儿教师，专业发展意识较差。高中及以下学历的幼儿教师，学历偏低，没经历过培训，专业知识技能薄弱，专业发展能力较低。学历层次低，缺乏相关系统的知识会导致幼儿教师在开展各类教学活动时力不从心。

所学专业也是影响因素之一。学前教育专业教师发展水平要更好。部分非学前教育专业的教师不清楚职业特点或者并不想从事幼教工作，对待孩子的态度与学前教育专业教师相比还有一定的距离。在发展中也会出现职业认同感较低、专业理念比较落后、知识欠缺、能力发展不均衡等问题。

新手教师处于专业发展阶段的职前适应期会面临许多问题。例如，理想与现实之间的冲突、人际关系困扰等往往容易使教师迷失自我。这一阶段的教师普遍缺少职业规划，缺少实际经验，遇到困难时很容易被打击工作的积极性，失去动力，导致专业发展水平偏低。虽然"年轻化"带给幼儿园新鲜的血液，但是教学经验不足也成为幼儿园教育发展的问题。

第四节　幼儿园教师的发展路径

一、勤于学习，不断积累

最开始的时候，可以学习身边有经验的教师，模仿他们的教学方法。外出学习碰到好的教学方法，可以记录下来进行借鉴使用。逐渐地，在形成自己的教学风格后，再向省市的名师学习，还可以参加一些研修和学习小组，和他们共同成长。同时还可以加入一些教研团队，开展教育教研调研学习活动，跟着专家和教研员学习，要在不断地学习中成长。

不管处于什么阶段，学习都不能松懈。要想不被时代抛弃，只能紧跟时代步伐，学习是最佳途径之一。所以，每天要有固定的阅读时间，遇到有用的或者特别喜欢的可以摘抄收藏下来，并进行分类。除了必要的阅读学习，跟专家和优秀教师交流也是一种学习，思想的交流会让教师看待问题或者理解问题更加多角度和全面。学习其他教师的课题教学和与幼儿的相处，可以进班观摩记录。要了解幼儿园教师是怎么上课的，就要在优秀教师的班里扎根，这是书本上看不到的。所以，身边的教师也是一种学习资源。

学习是一件坚持不懈和不断积累的过程。在职业发展中学习不可间断，有向经验教师和专家名师学习，有自我学习，有在书本中学习。学习课堂教学，学习教研科研，学习教育管理，都是针对自身努力的方向有选择性地学习。除了以上的学习内容，还可以学习教育理论和教育方法，将其内化应用于教育实践中，也可以在专业阅读中扩展自己的视野，提升自己的专业素养。

二、团队协作，相互提升

团队协作是指团队为共同完成某项目标，自愿合作和协同。如果运用好团队协作，对团队的发展和团队成员的能力提升有很大帮助，还能培养团队的向心力。一个优秀的团队对职业发展的影响很大，因为大家共同努力前进，在这样的环境中教师肯定也会要求自己不能落后。同时，一个能相互帮助的团队也是助推幼儿园发展的基础。

不论是在职业发展的早期还是中后期，团队之间的互帮互助、共同提升始终都是促进职业发展的有力途径。教师之间的专业交流、协调合作、经验分享、相互学习、彼此支持、共同成长，其实质是教师作为专业人员之间的交流、互动、分享与合作。拥有良性同伴关系的教师对自身的职业发展和教学能力的提升更加有效和迅速，容易获得同伴好的职业发展的经验，也更能将这些经验借鉴运用到自己的教学实践中。

三、潜心研究，敢于挑战

教科研工作是教师发展中不可或缺的途径，是将教育教学工作的实践和经验上升到理论和研究中的关键环节。教师在发展的中后期会专注于教研，从教研活动到课题研究，还有幼儿的课程建设，潜心研究、不断挑战自己是作为教师发展的重要途径之一。教师不应该是他人研究成果的消费者，自身也应该成为研究者。教师要想成为研究者首先需要学习、应用和发展相关理论，将这些理论运用到实际教学中，从而获得相关的实践经验，并进行理论的更新，进而提升理论素养，丰富专业知识。

在幼儿园教育实践中，教研活动和课题研究是幼儿园教师成为研究者的两种主要途径。教研活动一般包括集体备课、听课、评课、磨课、课程故事与游戏案例等。课题研究是指以日常教学实践中的问题为研究点，通过研究方案的设计、行动研究的开展和研究结果的总结与完善等过程，对这些研究问题进行实践活动、经验概括、策略或解决方法的提炼，是促进自我的教学反思，改善教育实践的学术研究过程。教师在职业发展的中后期会参加或者负责课题研究，课题研究使问题的解决有实际的效果，同时也提升了教师对教育现象的敏感度，为教育教学提供新思路和新经验。在课题研究过程中，教师逐渐养成研究意识，获得探究能力。

四、笔耕不辍，善于反思

教育写作是教师对教学实践的反思和总结的记录，写作的内容比较广泛，可以是教育教学的反思、幼儿行为的感悟、教育管理的经验、外出培训的收获，在不断反思记录的过程中，能锻炼自己的写作功底，提升看待问题的逻辑思维能力。教育写作是教师发展的重要支点和独特途径。

幼儿园教师进行教育写作大致可以分为三个阶段：第一个阶段主要是对有价值的经历的描述，一般是叙事性记录，包括听课笔记、培训总结、观察案例等。第二个阶段是侧重记录教师对问题的思考、感悟，比如读后感、幼儿的行为解读等。第三个阶段是以研究的眼光看待问题、解决问题，主要是以论文、课题等形式呈现。不同的阶段要求也在不断提高，要把感性经验上升到理论高度，要求文章具有科学性、实操性。幼儿园教师可以在教育实践中循序渐进，逐步提升教育写作能力，养成教育写作习惯。

第三章　新时期幼儿园课程建设

本章从五个方面介绍新时期幼儿园课程建设，分别为幼儿园健康教育课程建设、幼儿园德育教育课程建设、幼儿园智育教育课程建设、幼儿园体育教育课程建设和幼儿园美育教育课程建设。

第一节　幼儿园健康教育课程建设

一、幼儿园健康教育的依据

（一）政策文件的要求

《幼儿园教育指导纲要（试行）》中明确指出："幼儿园必须把保护幼儿的生命和促进幼儿的健康放在工作的首位。"《3~6岁幼儿学习与发展指南》又提出了不同年龄段的幼儿应该达到的相应的健康目标。幼儿正处在身心发育与发展的最初阶段和重要时期，在中医上认为在10岁之前的孩童都有一个很明显的生理特点：脏腑娇嫩、形气未充，但是生长比较迅速。幼儿时期身体各方面的机能不完善、发育成熟度不够。幼儿对疾病的抵抗能力也很差，不具备一个成熟的心理基础，对所生活的环境适应能力低，且社会中的各种不良因素容易影响到幼儿。我们要密切关注这个时期幼儿的身心健康发展状况，这对幼儿当前的健康状况和未来的身心全面发展具有重要影响。因此，提升幼儿教师健康教育能力是幼儿教育与身心全面发展的内在需求。

健康对人类而言是最重要的，人首先要拥有健康的身体才能进一步去创造个人价值。幼儿时期处于人生发展的起步阶段，这个时期的健康对于人一生的发展具有重要意义，幼儿教师的职责之一就是促进幼儿的身心健康发展。在20世纪早期，健康教育、健康保障和教育环境就被包含在美国的幼儿健康教育中。2000年，联合国教科文组织的研究报告阐释了社会和国家中的教育机构应带领幼儿和青少年的健康教育。国际上多数倡导的也是健康服务与教育、均衡饮食、营造良好的教育环境的健康观念。随着育人方式的变革，健康在幼儿教育中的地位日渐提升，幼儿教师则需要不断提升自身的健康教育能力。

（二）科学理论研究

国际前沿的科研成果显示，幼儿体育活动对幼儿身体健康有着至关重要的作用，并会进一步影响幼儿的认知、心理健康和社会性交往的发展。此外，幼儿时期的健康还会对青少年、成年乃至老年时期的健康产生持续性的影响。这些科研成果都为幼儿园开展健康教育提供了重要的科学理论依据。

1. 国际幼儿身体活动指南

近十年来，欧美有大约十个发达国家先后出台了幼儿身体活动指南。2018年，我国也发布了《学龄前幼儿（3~6岁）运动指南（专家共识版）》。这些幼儿身体活动指南立足于大量的实证研究成果，普遍建议：

（1）幼儿每天的身体活动量应累计达到3小时。这种身体活动包括多种跑跳、球类活动、体育游戏、户外活动、游乐、骑车、日常家务劳动等；

（2）幼儿每次久坐时间不超过1小时；

（3）幼儿每天的屏幕时间不超过1小时；

（4）5岁以上幼儿每天应达到1小时的中高强度活动量。

有的指南还建议幼儿身体活动应包括有教师引导的结构性活动和幼儿自主的非结构性活动。

2016年以来，一些国家和行业协会还出台了幼儿24小时活动指南，将睡眠、饮食、运动综合纳入了指导范畴。这些指南指出，幼儿需要保持充足的睡眠、营养的饮食和充分的运动来实现健康成长。这些幼儿活动指南为幼儿园开展丰富的体育活动，特别是体育教学活动，以及为幼儿园开展运动和饮食相结合的健康教育提供了重要的科学依据。

2. 脑科学关于运动对认知影响的研究

1980年以来，认知科学的突飞猛进也给教育带来了新的启示，人们得以更深入地了解幼儿认知发展的规律。认知科学的研究成果主要如下：

（1）幼儿时期是大脑认知功能发育的关键期。幼儿在2~4岁时逐渐获得较稳定的动作平衡和控制及手眼协调能力；2~5岁是负责调配、优化注意和记忆资源的认知执行功能发展最快的时期，具体包括持续注意、反应抑制、工作记忆、认知灵活等认知过程；3~6岁是抽象、思维、计划、概念化等复杂认知功能发展最快的时期。

（2）幼儿时期需要足够的营养和能量来支持大脑发育。研究显示，大脑的能量消耗水平在0~4岁一直增长，在4~10岁达到最高消耗水平，此后逐渐下降到成人水平。

（3）运动改造大脑。幼儿的大脑正经历神经网络的建设和提速过程，具有可塑性，遵从"用进废退"的原理，经常使用的神经联系得以稳固下来，而得不到使用的神经联系则被清除。其中，运动是促进认知发展的重要手段，有研究显示，多年的体操运动训练促使运动员的感觉运动区域和注意力区域的神经联系增强了。

脑科学的上述研究成果，为幼儿园重视体育活动、结合饮食开展健康教育等提供了前沿科学理论的支撑。这些研究让我们意识到，开展幼儿体育活动并不是简单地促进幼儿的身体发育，更是在塑造幼儿的大脑，提高他们的注意力、记忆力、自控力和思维灵敏度。

（三）国际学前教育的趋势

随着研究的不断深入和幼儿身体活动指南的出台，当前国际学前教育越来越重视体育活动的开展并强调其促进体质健康的有效性，在课堂活动设计和幼儿园教育策略等方面都进行了前沿的探索。

1. 国际前沿的幼儿园体育课程设计

很多发达国家的学前教育纲要都将身体领域列为幼儿的主要学习和发展领域之一，并对5岁以下幼儿的身体领域发展提出了如下要求：

（1）发展粗大动作和精细动作；

（2）发展身体的控制、平衡、协调能力；

（3）发展运动时的自信；

（4）发展空间、速度、路线等运动概念；

（5）获得健康和安全运动的常识。

这些国家的5~6岁幼儿通常已经进入小学的学前班，对其身体领域的要求也就和小学生一样涵盖了体育教学的内容。比如，美国健康和体育教育者协会对5~6岁学前班的体育教学要求包括：发展移动性、操作性和稳定性的动作技能；掌握当前年龄段特有的动作模式。

此外，美国耶鲁大学神经科学家布鲁斯·韦克斯勒（Bruce Wexler）教授和北京大学体育部董进霞教授领衔研发了国际前沿的"立方核"幼儿体育课程。该课程以发展幼儿的身体、认知和社交的综合素养为目标，具体包括以下几点：

（1）身体发展目标：获得丰富的动作、游戏、运动项目体验，提升身体素质和体能；

（2）认知发展目标：发展注意力、记忆力、思维力、创造力；

（3）社交发展目标：发展自我个性、目标感、人际交往能力、体育品格等。

"立方核"课程在活动形式上也具有很多创新和突破，其鲜明的特点包括以下几点：

（1）充满规则、角色、互动的变化，让游戏具有不可预期性，锻炼幼儿的敏捷头脑；

（2）有最大限度的集体参与机会，减少等待时间；

（3）只采用1~3种轻便、朴素的材料，灵活服务于不同的教育目标。

上述国际前沿的课程目标和内容设计，为幼儿园丰富体育活动的理念、目标和形式提供了有价值的借鉴。我们要认识到，体育活动不仅仅是为了增强体质，体育活动的本质是一种教育手段，来促进幼儿的全面健康发展。

2. 国际"活跃"幼儿园的有效教育策略

国际研究表明，大多数幼儿园都难以达到幼儿身体活动指南所建议的身体活动量。为此，不少实证研究验证了幼儿园采取哪些教育策略能够有效促进幼儿的身体活动量。这些策略包括：

（1）每天10~30分钟的体育教学活动；

（2）增加可移动的活动材料；

（3）注重实操和教师自身运动体验的培训。

此外，有研究显示，对于拥有总体支持性环境的幼儿园，其幼儿比其他幼儿园的幼儿每天的中高强度活动量高出了1.7倍，久坐时间减少了近20%。

这些研究成果告诉我们，单纯依靠幼儿自主玩耍并不能满足幼儿健康成长所需要的活动量，幼儿园需要采取具体措施来促进幼儿的体质健康。这为幼儿园有意识地开展健康教育提供了重要的科学依据。这些经过研究检验的有效的教育策略，也为幼儿园的健康教育提供了可操作的抓手。

（四）学前教育发展的经验

我国的学前教育经过几十年的发展，在体育活动领域也积累了适合我国国情的大量实践经验。这些都为幼儿园开展健康教育提供了宝贵的经验。

1. 幼儿园体育活动模式

有学者总结，20世纪80年代以来，我国幼儿园的体育活动模式经历了规范化、幼儿化、整合化、有效化的阶段。特别是幼儿化的影响十分深入，具体表现为，幼儿园体育活动由小学化的体育课转向了更为生活化、游戏化、故事化的体育游戏活动，场地从水泥操场变成了充满固定和移动的体育游戏材料的游乐场。这种幼儿园体育活动模式的历史性转变，也让幼儿园在开展健康教育时有了更明确的历史坐标，以适应当今时代下学前教育重视幼儿本位、重视各领域融合教育、重视健康促进效果的趋势。

2. 小场地幼儿园的体育活动模式

国内有大量的小场地幼儿园曾摸索过体育活动的实施策略，这些为幼儿园在小场地条件下开展健康教育提供了直接的同行经验。曾有研究调查了上海市33所体育特色幼儿园，结果显示，约三分之一的体育特色园的户外场地小于1000平方米，最小的只有300平方米。小场地体育特色园普遍开展了运动项目类特色并利用了社区体育资源。另一项研究调查了长沙市15所不同性质幼儿园的户外场地使用情况，结果显示，示范园与普通园在户外场地人均面积方面并没有显著差异，但在可移动和自制运动器材的种类、人均数量上差距可达5~10倍，在户外场地的利用效率上差距可达3倍。再比如，南京市府西街幼儿园的小场地运动经验包括：错时利用场地、同龄混班区域活动、顺时针的场地利用规则、区域人数控制、立体空间利用等。小场地幼儿园的体育活动模式和策略，为幼儿园的健康教育策略提供了宝贵的参考经验，促进幼儿园健康教育课程模式和实践模式的形成和完善。

（五）新冠疫情危机应对的深刻启示

幼儿是处于发展过程中的人，其身心发育尚未完善，自身的免疫力较弱，安全意识与经验不足。现代流行病学的相关研究结果表明，一个良好健康的生活方式将更有利于幼儿身心的健康发展，幼儿渐渐形成自身的生活方式，教师需要提升自身的健康教育能力，进而才能更好地帮助幼儿形成健康的卫生习惯、生活习惯、饮食习惯、运动习惯，增强幼儿的身体素质，从而抵抗各种流行性疾病。

二、幼儿园健康教育课程模式

课程是教育的基石和载体。幼儿园以国内外政策、科研和教育为依据，秉持"大健康"的观念，可以采取"运动养身、情感养心、饮食养生、文化养行"的健康教育课程模式，促进幼儿的全面健康发展。

（一）"运动养身"运动课程

幼儿园开展的运动课程并不仅限于体育教学课堂，而是从空间环境和体育活动等内容入手，为幼儿提供立体的运动课程资源，全面促进幼儿的体质和运动能力发展。

1. 空间创设

环境是第三位老师，针对有限的活动场地，幼儿园可以在合理规划的基础上，对场地内的空间和自然资源进行充分挖掘和利用，将一些游戏设施、器材与自然环境结合起来，从而开辟出新的运动空间。

（1）户外固定设施

在户外的固定设施方面，可以在幼儿园安装树屋。树屋是木制小房子，不同出入口分别连接着绳网管道、木制台阶和塑料管道滑梯。树屋可以带来多种新的教育功能：一是增加了幼儿的攀爬机会，不仅锻炼了幼儿的上肢力量和上下肢协调，还开发了空间认知、勇气和判断能力，这是平面上的活动往往难以涉足的；二是开辟了新的游戏空间，激发了幼儿的探索兴趣，丰富了幼儿想象创造类和攻防类的游戏活动。

（2）户外可变空间创设

幼儿园户外场地80%以上都应是留白的，以供日常的体育教学、体能大循环、律动操等活动使用，通过配套各类可移动材料，从而创设出不同的游戏情景。例如，体能大循环常常会用到平衡木、平衡块、钻爬隧道、各类投掷靶等可移动材料，以锻炼幼儿的平衡、钻爬、投掷等基础动作技能。体能大循环在选用器材时注重上下肢动作的协调配合，时常变化不同的器材组合，为幼儿提供丰富的动作发展机会和挑战。幼儿也可以是这里的主角，由他们决定体能大循环要使用哪些器材、怎样连接。

（3）室内空间创设

在室内空间方面，幼儿园可以充分利用室内空间和器材，为幼儿创设有趣的游戏空间。例如，利用横躺的桌子创设绕障碍的游戏，锻炼幼儿的空间感知和动作控制能力。还可以利用爬行垫开展爬行、钻爬或是拉拽活动，来锻炼幼儿的四肢力量和协调性。

2. 活动设计

在小班幼儿的体操串烧活动中，可以采用动物角色，选择短小、鲜明的音乐作为衬托，进行原地跑跳、行进跑跳等，并依据节奏变换动作，使动作快慢不同、方向不同，减少小班幼儿的体位疲劳，吸引幼儿使其保持愉悦情绪，促进动作协调发展。在大班幼儿的体操活动中，可以开展综合体能活动。在器械体操结束后，引导幼儿运用手中器械，在欢快乐曲衬托下，进行走、跑、跳等综合体能素质锻炼，增强运动密度，促进身体协调。

在常态的体育教学活动中，教师可以组织幼儿开展跑跳、球类、跳绳等体育活动，促进幼儿的基本动作技能和身体素质的发展。幼儿园同时可以采取灵活多样的室内活动方式，包括室内音乐律动、音乐表演游戏、多媒体体感游戏、幼儿趣味瑜伽等多种活动形式，以保证幼儿每天保持一定的运动量，让幼儿的运动不受季节和天气的干扰。

（二）"情感养心"情感课程

情绪和情感的发展，是幼儿自我和社会性发展的重要一环。幼儿的心理健康，依赖幼儿能掌控的环境、积极的人际关系、自由的表达机会。为此，幼儿园应积极开展情感课程，通过多方面的课程资源，为幼儿营造充满安全感和自由的环境，促进幼儿的心理健康。融洽的师幼关系是幼儿心理健康的重要支撑。幼儿教师应注重培养融洽的师幼关系，努力做幼儿的大朋友，平时蹲下来和幼儿平等地交流，注重幼儿的情绪、情感和心理需要并积极地给予回应和反馈，从而使幼儿产生安全感、被支持感和对教师的信任感。

艺术是开启心灵大门的钥匙，美术活动是幼儿自由表达情感和思想的重要载体。为此，幼儿园可以开展"美术活动中促进幼儿心理健康成长"的研究，倡导教师通过分析幼儿的美术作品，读懂幼儿的绘画语言和心理活动，从而加以有效地引导。在美术活动中，教师要注重倾听幼儿的想法，并为幼儿提供相互交流的时间，在评价中也会将更多的机会留给幼儿，鼓励幼儿大胆表达，引导他们运用美术的方式说出心声。

（三）"饮食养生"饮食课程

营养均衡的饮食是让身体保持健康必不可少的一环。同时，饮食又是我国文化的重要组成部分，承载着文化的精髓。为此，幼儿园应结合饮食健康和文化内涵，为幼儿提供"科学配膳、平衡营养、合理烹调、时令养生"的膳食。

幼儿园应遵循均衡营养膳食的原则，可以依据"食医同源"的饮食理论，邀请中医专家指导食物的调制，使食物符合四季时令的特点。同时，幼儿园应经常为幼儿制作不同形象、有趣、好看又好吃的食物。比如，当举行国庆活动时，可以做以国庆为主题的各式糕点，和幼儿一起庆祝国庆。

（四）"文化养行"行为课程

叶圣陶先生曾说："好习惯养成了，一辈子受用。"良好的行为习惯是幼儿阶段的主要教育目标之一，也是幼儿成为一个健康的社会人所必须具备的素养。因此，幼儿园应将行为习惯的培养也纳入健康教育的范畴，通过倡导美善文化，以美德培养为核心，培养幼儿的良好行为习惯。

第一，可以通过儿歌引导。通过内容具体明确、语言通俗易懂的引导性儿歌，让幼儿边听、边看教师操作就能学会。例如叠衣服儿歌：门儿关关，袖儿抱抱，头儿点点，腰儿弯弯。

第二，利用情景教学。通过讲述幼儿熟悉的生活情景或角色，让幼儿易于理解和接受。例如，邀请民警入园，讲述交通规则和安全座椅的知识。

第三，通过环境指引。通过环境设置潜移默化地影响幼儿的行为。例如，小班幼儿洗手常常弄湿衣服，为此教师可以在水池边摆放毛巾并引导节约用水。当幼儿看到毛巾时，会自觉地注意开水量、身体不贴近水池，保持衣服干燥。

第四，提出问题引导。让幼儿自己讨论制订出规则，这样幼儿更容易遵守。例如，把问题抛给幼儿："接水时怎样才能避免拥挤？"幼儿在讨论与尝试中总结出按组接水、每组自觉排队等规则，当个别幼儿忘记时，其他幼儿也能提示他。

三、幼儿园健康教育课程理念

幼儿的健康教育是根据幼儿身心发展特点，改善幼儿健康态度，培养幼儿健康行为，保持和促进幼儿健康系统的教育活动。例如，让幼儿建立良好的日常生活卫生习惯、身体的认识与保护、有良好的情绪状态、加强膳食营养。

（一）预防为主的教育理念

首先，树立以健康优先预防为主的教育理念，将疾病预防知识和幼儿的可持续发展作为幼儿园的中心工作，同时做好传染病（腮腺炎、水痘、传染性肺炎、流行性感冒）与非传染病的预防工作，教给幼儿预防疾病的知识，也要加强体弱幼儿的卫生保健工作，增强幼儿体质，增加预防传染病课程内容，让幼儿了解不同传染病的表现及应对措施，将疾病预防工作设置成一体化、连贯的课程内容。

其次，把健康的生活理念纳入幼儿的一日生活中，在以健康领域课程为中心组织幼儿园课程时，应注重将显性课程与隐性课程（幼儿园环境、轻松愉快的氛围）相结合。

最后，幼儿教师在教育幼儿养成良好的生活卫生习惯和健康的生活方式时，应做好示范，为幼儿做好榜样，形成健康的生活方式与行为方式，负责保育的幼儿教师不只是对幼儿简单的一日生活的照顾，而是保育幼儿的健康状态、心理健康和幼儿的一日生活状态。负责教育的老师要关注幼儿的感受，帮助保育老师做好幼儿的生活照顾工作，教给幼儿健康知识，让幼儿由知识内化到行为。与幼儿建立亲密的关系，将教育融入生活中。两者结合，让幼儿既有"保"也有"教"。在培养健康的卫生习惯中，保育员与教师对幼儿有统一的要求是十分重要的，一个统一的规则要求可以增加幼儿的练习次数，而模棱两可或左或右的要求会让幼儿不知道该怎么办，所以统一的要求对幼儿来说也是必不可少的。在健康教育中也可投入大量的教育材料如医院材料、防控知识图片、各种器械，全方面地促进幼儿的健康成长。另外，健康教育的连贯性和一致性也是非常重要的。

（二）持久化的教育理念

幼儿的身体保护和健康的生活习惯不是一天两天就可以形成的，它是一个逐渐养成、不断提高的过程，因此对幼儿要有耐心，需要长时间的坚持，让幼儿理解和执行幼儿园中合理的作息制度和必要的规则可以帮助幼儿保护身体和形成健康的生活方式。例如，幼儿每天的晨检、七步洗手法、卫生礼仪、午检等这些行为日复一日坚持去做，让幼儿习以为常，最终可以使幼儿自觉地行动。幼儿教师也应克服在身体卫生保健和生活常规教育中的问题，在教育方法上以鼓励引导为主，帮助幼儿形成良好的生活卫生习惯，在一日生活中培养幼儿的良好生活习惯，让每一个幼儿理解良好生活习惯的养成就是提高自我保护能力、保障身体不受侵害的重要方式，是受益终身的健康生活方式。

（三）制度化的教育理念

健康制度是保障健康服务和健康教育有效落实的保障机制。良好的健康制度可以保障幼儿的教养工作得以落实，有利于形成健康的园本文化。幼儿园应在目前具有的制度的前提下，完善健康制度，如健康教育计划制度、幼儿晨午检制度、幼儿园教室通风制度、班级卫生消毒制度、幼儿缺勤制度、幼儿园应急处置制度等。将这些制度与健康服务和健康教育结合在一起，提高教师和保育员的健康生活的理念，提高幼儿教师的社会责任感和使命感。还可以增加相应的健康科研制度，把如何促进幼儿健康作为科研的中心内容，通过科研寻找幼儿健康教育的合适路径，发现问题，解决问题。幼儿园还可以增加考核制度，保证幼儿园各项制度的实施。

第二节 幼儿园德育教育课程建设

幼儿时期是人成长的起点，一定要重视培养幼儿良好的道德品质，养成良好习惯，这会让幼儿受益终身。幼儿园是幼儿教育的主阵地，应当充分以多种政策文件为指导，依据幼儿身心发展及品德习惯形成规律，在日常生活教育中加强德育。同时，随着幼儿教育提出了"以游戏为基本，寓教育于各项活动之中"的课程游戏化理念，其在德育课程开展中同样需要有所渗透。幼儿园教育活动主要以游戏的方式展开，所以游戏不仅是课程的主要内容与实施背景，更是实现教育目的的途径。在幼儿园的德育课程实践中融入游戏，通过开展游戏的方式实施德育，是对当前幼儿教育"课程游戏化"理念的践行，也是促进幼儿德育品质提升的有效手段，能够让幼儿在游戏氛围中接受道德品质教育，实现良好品行与习惯的养成。

一、课堂教学渗透德育，培养幼儿乐于助人

在平日的教育中，教师经常会强调分享，乐于助人的美好品德要从小开始培养，所以教师可通过课堂教学中开展的游戏活动，助力学生高尚品格的养成。以游戏的方式实施德育，不但能调动幼儿的参与兴趣，同时也能促进德育实效的提升。比如，教师可通过角色扮演的游戏，为每一位幼儿分配需扮演的角色，抽到"警察"的幼儿则要在活动中执行好自己的"公务"，不仅要确保自己做到认真听讲，同时也要管束同学，看到其他同学在课堂上出现不守纪律的情况，则应及时制止。此外，扮演"警察"角色的幼儿还要履行一定的义务，比如，看到同学或老师需要帮助则要立即上前，尽自己的能力去帮助他人。体验活动结束后，要让老师和同学一起对其做出评价，如果表现好则可获得相应的奖励。这种游戏化的课堂教学方式，除了能让幼儿从中体会到帮助他人的成就感，也能潜移默化地培养其乐于助人的品格。同样，教师还可根据幼儿的身心发展特点实施德育课程，从小培养幼儿乐于助人的良好品格，这对幼儿今后的成长与发展帮助非常大。同时，由于幼儿天生好动爱玩，所以以游戏化的方式实施德育最为合适，能明显提升德育实效。

二、动手操作渗透德育，培养幼儿热爱科学

幼儿教育阶段同样要加强对幼儿动手操作能力的培养，所以幼儿教师需要有意识地为幼儿提供大量的动手机会，此举有助于幼儿的健康成长。幼儿动手操作活动中也可以以游戏化的方式渗透德育，实现对幼儿道德品质的培养。比如，教师可设计一些游戏化的科学趣味实验，让幼儿在亲手实践中逐渐培养科学精神。例如，准备好蜡烛、漏斗、火柴等材料，设计趣味性的科学小实验，先将蜡烛点燃，固定在桌子的一端，然后让幼儿先通过漏斗的宽口去吹蜡烛，观察蜡烛有没有被吹灭；在幼儿发现难以吹灭之后，教师便可要求他们掉转漏斗方向，用小口去吹蜡烛，观察是否吹灭。在游戏化的趣味实验中，教师不仅要让幼儿自己亲自动手，还应亲自演示与讲解，并讲述其中的原理，深化幼儿的理解。游戏化的动手操作能够从小激发幼儿的知识探究兴趣，培养幼儿热爱科学的良好品德。

三、主题活动渗透德育，培养幼儿合作交往

角色扮演游戏一直都是幼儿比较推崇和喜欢的游戏，通过开展角色扮演游戏能够加强幼儿的体验。将角色扮演游戏和幼儿园德育课程进行融合，可以让幼儿在角色扮演的过程中理解和领悟真、善、美的价值和意义。可以利用该游戏培养大班幼儿基本的安全知识和自我保护能力，并能遵守基本的行为规范。例如，在交通区进行角色游戏体验，教师与幼儿一起讨论和了解不同职业的特点和职责，与幼儿约定游戏规则，幼儿进行自主游戏，模仿交警、行人、司机等角色，在游戏中学会遵守基本的安全规则和交通规则。大班幼儿思维活跃，有主见，教师可为幼儿提供更多的游戏素材，通过视频、图片，让他们了解各种社会现场，幼儿自主进行游戏升级，增设了快递小哥、外卖小哥、跑腿小哥等职业，在游戏过程中教师会发现幼儿的观察力和模仿能力非常强。比如，他们会根据网络上下雨天外卖小哥送外卖被顾客投诉等新闻热点话题进行角色游戏体验，他们都能用善意来解决各种矛盾，这样游戏的价值也得以体现。最后教师与幼儿一起分享游戏体验，将游戏中的感受和反思进行提炼，为下一次游戏做铺垫。教师也应对游戏中幼儿表现出来的好的行为品质给予肯定和赞扬，对不好的行为品质进行正面引导，并及时做好游戏调整。

幼儿教师应当在开展主题游戏时积极创设德育情境，优选合适的德育内容，通过各种方式方法培养幼儿的良好品格。同时，在主题活动中要给予幼儿参与表现的机会，有意识地引导幼儿合作交往。比如，在"我长大了"的活动中，幼儿

可以通过与其他同学的交往学到更多的生活技能，在游戏中学会合作、给予、接受、分享、互助与友爱。幼儿之间多多交往，能有效改善幼儿出现任性、自私的情况。例如，引导幼儿讲述长大后的自己和现在比有哪些进步。在听他人讲述时，便能看到同伴的优点，既为同伴感到高兴，也会默默下定决心向他们看齐。又如，在"迎新年"的主题活动中，教师可引导幼儿每人带一样家中的礼物，在幼儿园装扮，通过布置环境迎接新年。在此过程中，幼儿能够感受到来自父母、老师的关爱，收到喜爱的礼物，同时也能体验到节日的喜庆氛围，在合唱《新年好》的歌曲声中，幼儿也能明白自己又长大了，意识到自己已经是大孩子了，以后要自己的事情自己做，为小班的弟弟妹妹做榜样。当然，在开展主题游戏活动时，教师同样需要基于幼儿的年龄特点及兴趣喜好进行活动设计，如"动物园里有什么""我最喜欢的图书"等，通过合作分享，让幼儿从小明白分享的重要性，帮助其培养优良品质。

四、童话游戏渗透德育，培养幼儿良好品质

幼儿对童话有先天的兴趣，童话故事中充满了新奇的故事情节、生动活泼的语言，以及丰富的想象力，对幼儿有着极大的吸引力。基于此，幼儿教师在德育课程实践中，可以将童话故事作为载体，以游戏的方式渗透德育，让幼儿能沉浸在童话故事中，升华情感，促进良好道德品质的养成。以童话游戏渗透德育，意味着教师可以根据童话故事进行游戏改编，让幼儿扮演童话故事中的角色。比如，在讲述《白雪公主》的童话故事时，便可分配出白雪公主、小矮人、国王、王后等许多角色，通过角色扮演游戏演绎童话。在这一游戏活动中，幼儿的参与兴趣极高。当然，教师在游戏设计中也要渗透德育内容，在幼儿扮演过程中有意识地引导他们感受白雪公主的善良、皇后的恶毒、小矮人的忠诚等，有助于幼儿是非观、善恶观的形成，养成良好的道德品质。此外，在童话故事渗透德育的课程实践中，教师还可采取画故事、讲故事、唱故事的方式开展游戏，同样能产生良好的德育效果。

五、生活游戏渗透德育，培养幼儿良好习惯

道德是生活的道德，道德教育应该是生活中的教育，生活应该是道德教育的载体，实践应该作为道德教育的主要方法。说教式的方法，使幼儿将道德视为知识，而不是生活，将道德学习视为知识的学习，忽视了道德与生活和生命的关系，

教师将道德和道德教育异化，割裂了德育与生活。一方面，生活化的幼儿园德育方法要求教师秉持合理的教育观和幼儿观，教育是为了"成人"，幼儿是一个完整的人，有独立的思维能力。作为德育方法的执行者、参与者，教师的教育观和幼儿观影响着幼儿园德育方法生活化的每一个环节。另一方面，幼儿园德育方法生活化需要从课程生活化入手。教育生活化是使幼儿园课程具有生活的色彩和意义的教育理念。幼儿园课程是德育方法重要的实施场所，课程的生活化是幼儿园德育方法生活化的重要路径。方法生活化将幼儿园德育从说教时间和教学场地的束缚中解放出来。生活化的幼儿园德育方法可以在任何时间、任何地点进行，在游戏过程中、活动中，只要在生活中就可以进行道德教育。

教师在德育中应当积极引导幼儿感受生活中的美好，通过丰富幼儿的情感体验及感性经验，培养幼儿良好的行为习惯。良好行为习惯的养成离不开日常生活的影响与积累，尤其与同伴之间的交往有很大的关系。所以，教师在幼儿的一日生活中要有意识地增添更多体验与实践活动，让幼儿在游戏中认识到合作的重要性。比如，带领幼儿在户外活动时，可引导他们观察蚂蚁搬家，幼儿对这一事物非常感兴趣，此时教师便可把握这一机会对幼儿进行引导：为什么蚂蚁搬家需要这么多蚂蚁一起？当一个个食物搬到蚂蚁洞口后，蚂蚁会做怎样的分工呢？于是教师便可组织幼儿一起玩蚂蚁搬家的游戏，在游戏中渗透体验，让幼儿明白"团结就是力量"的道理。区域活动中同样可以通过开展生活游戏渗透德育，组织幼儿与教师一起合作装扮各个区域环境。比如，通过绘画、剪纸、拼搭等方式，一起完成"美好的秋天"的环境布置，同时要求幼儿选择自己喜欢的与秋天相关的物品，如在秋天拍的照片、果实等。"美好的秋天"游戏活动就此演变为"分享秋天的快乐"，幼儿也能在游戏中体会到合作、分享的快乐，唯有彼此配合才能顺利开展游戏，从小培养幼儿良好的行为习惯。

六、节日活动渗透德育，培养爱国爱乡情怀

环境是幼儿发展的关键基础，教师可通过创设良好的环境培养幼儿的良好品质，尤其可借助节日进行环境的创设。比如，在开展"我的祖国"主题活动时，为了培养幼儿热爱祖国、热爱家乡的情感，从小树立幼儿的民族自豪感，教师便可选在国庆节期间组织幼儿开展"红色旅游"，在游历革命遗址的同时，对幼儿展开革命教育，激发幼儿的爱国之情。此外，教师还可在农忙时节带领幼儿一起去郊外亲自观察庄稼收割的盛景，激发幼儿对美好家乡的热爱之情。如此一来，

幼儿不仅能在节日氛围中感受其意义，也能通过游戏活动促进爱国、爱家乡情感的养成。

第三节 幼儿园智育教育课程建设

一、幼儿智育对幼儿发展的影响

（一）能够促进幼儿认知的发展

感觉、知觉、记忆、思维、想象、言语构成了我们的认知，而智力游戏对幼儿认知的发展有促进作用。智力游戏像其他游戏一样有不同的分类，包括观察类游戏、想象类游戏、思维类游戏、记忆力游戏等多种类型，这些类型对应着认知包含的内容，有助于促进幼儿多种能力的发展。幼儿智力游戏的基本特征之一就是益智性，能够促进幼儿智力和认知的发展。幼儿在区域活动中进行智力游戏，需要根据一定的游戏任务，利用多种感官进行游戏操作，在游戏过程中会出现很多问题，在解决问题的同时，幼儿认知能力也在不同程度上得到发展。

例如，《狐狸与乌鸦》这个故事讲的是一只乌鸦偷了一块肉站在大树上，被一只狐狸看到了，然后狐狸用谎言骗取了这块肉。教师可以先用多媒体为幼儿展示狐狸、乌鸦和肉的图片，再附上狐狸与乌鸦的声音，让幼儿对狐狸与乌鸦产生直观的感受。接着，教师可先不讲故事，而是让幼儿通过观看图片，根据三个关键词开展编故事的游戏。教师可以这样引导幼儿：原本这块肉是乌鸦的，最终却变成狐狸的，猜猜它们之间发生了怎样的故事。在幼儿分享了自己编的故事后，教师要对幼儿的故事进行适当的评价。让幼儿自行编故事的游戏，不会给幼儿的思想造成局限，可以发挥幼儿的想象力和创造力，让每个幼儿都享受当"作家"的感觉。为了鼓励幼儿，教师可以给他们佩戴小红花作为奖励，调动他们的学习积极性，让他们获得成就感。

（二）智育有助于幼儿社会性的发展

幼儿游戏区别于动物嬉戏的最本质性特征就是社会性。智力游戏能增进幼儿的社会能力，帮助幼儿摆脱自我中心。幼儿在区域活动中进行智力游戏活动需要与同伴进行交流、合作，共同完成游戏。例如，在智力游戏"猜猜像什么"中，教师准备各种形状的图形，幼儿两人一组，其中一人先选择图形中的任意两个作为游戏材料，如三角形和正方形，幼儿将两个图形按照自己的想法进行拼搭，如三角形在上，正方形顶着三角形，另一名幼儿根据图形的拼搭形状进行猜想——房屋。两名幼儿交替猜测，猜想的内容必须符合拼搭的形象。在这个游戏中，两名幼儿需要相互合作、沟通交流才能完成，在游戏过程中不知不觉地促进了幼儿自身的社会性发展。

二、幼儿智育游戏课程开发

（一）智育游戏的开发原则

1. 坚持趣味性原则

趣味性是游戏的基本特点，也是智力游戏具有生命力的重要特征，因此，在进行智力游戏开发时必须遵守这一原则。教师开发游戏时应把握幼儿的年龄特点，根据幼儿的兴趣点设计游戏，增加游戏的趣味性，让幼儿能够自主、自愿并且全身心的投入游戏环节。例如：在小班听觉类智力游戏"娃娃在哪里"中，教师让一名幼儿扮演妈妈，其余幼儿坐成圆圈，双手放在背后，将会发声的娃娃藏在其中一名幼儿身后，并让娃娃发出声音，"妈妈"站在圈内听声音找娃娃。在这样的游戏中，教师利用小班幼儿最喜欢进行的角色扮演游戏增加了游戏的趣味性，吸引了幼儿的注意力，调动了他们参与活动的积极性。

2. 坚持循序渐进原则

开展游戏活动离不开游戏材料的投放，教师在开发设计智力游戏时要注意材料投放一定要循序渐进，由简单到复杂，要符合所使材料幼儿的操作水平。例如：在拼图类智力游戏中，教师可以先投放一些大块的拼图，便于幼儿观察和拼接，在幼儿顺利完成后可以增加难度，适当投放一些几何图形或是低结构材料，让幼儿充分发挥想象，动手操作。

3. 坚持挑战性原则

智力游戏的开发要坚持挑战性原则。游戏的设置要对幼儿有一定的挑战性，利用最近发展区激发幼儿的潜能。当幼儿通过自己的努力克服困难时，将会极大提升幼儿的自信心。特别是对于智力游戏而言，它与其他游戏不同，更多地是依靠幼儿思考、动脑进行游戏活动，挑战性更能够激发幼儿的积极性。

4. 坚持目的性原则

任何活动的开展都有一定的目的性与计划性，智力游戏也不例外。智力游戏属于规则性游戏，因此，智力游戏具备几大要素：游戏任务、游戏玩法、游戏规则及游戏结果。而游戏任务就是指智力游戏承担的智育任务，不同类型的智力游戏任务不同。例如：听觉类游戏主要锻炼幼儿辨别不同的声音和声音来源的方向的能力；触觉类游戏主要是让幼儿通过身体触摸，感知物体的光滑程度、粗糙程度、软硬程度等特点来认识物体的特性。因此，教师在设计开发游戏时要有针对性和侧重点，更要结合幼儿的身心发展特点。

（二）智育游戏的开发策略

1. 开发多样化智力游戏

智力游戏形式、类型应多样化。教师在设计区域活动中的智力游戏时要兼顾各种类型的智力游戏，让幼儿都能够参与其中，进行操作。不同类型智力游戏的智育任务各不相同。例如，思维类型的智力游戏能够让幼儿在游戏过程中发展思维逻辑能力、推理能力等；视觉类智力游戏能够让幼儿区分颜色、图形等。教师应树立促进幼儿全面发展的观念，在进行设计时均衡游戏类型，让智力游戏多元化，避免游戏类型单一。在开发游戏时应针对本班幼儿的年龄特点和实际情况制订游戏设计计划，明确计划中开发的智力游戏类型，在落地实施时能够让不同类型的智力游戏在区域活动中共同呈现，促使幼儿在游戏操作的过程中发展多种能力，从而实现全面发展。

2. 科学设置游戏活动目标

教师在教学中不能只注重幼儿智育的发展，而应全方位设置游戏目标，让幼儿在游戏中通过相互合作、交流实现社会性及情感发展。因此，教师在设计游戏目标时应参考《3~6岁幼儿学习与发展指南》，根据幼儿的身心发展水平，总结以往游戏设计经验，结合智力游戏的类型，设计明确的、多样化的游戏活动目标，在促进幼儿智力发展的同时促进幼儿其他方面能力的发展。

第四节 幼儿园体育教育课程建设

一、体育活动对幼儿发展的影响

（一）促进幼儿合作能力

《幼儿园教育指导纲要（试行）》中关于社会领域的目标指出应在共同的实践、生活中运用各种方式让幼儿懂得如何尊重别人、学会自律；幼儿在成长中能够主动地、积极地参与幼儿园的各类活动，具备同情心、在学习的过程中能够相互协作与互相帮助、具有良好的自信心、能够与他人一起分享并积极地进行交流与交往；幼儿应该具备初步的责任感、不畏惧困难、能够尽自己的努力做好能力范围之内的事情。根据以上目标，教师可以向幼儿提供表现自己和体验成功的机会，以培养幼儿的自信心与独立性，可以给幼儿提供自由的活动，方便幼儿选择自己喜欢的活动，自己计划什么样的活动，这样可以激励幼儿积极地解决问题，勇于战胜困难的良好生活品质。那么，通过充分开展幼儿体育活动，同样能够为幼儿提供合作的机会，能够不断扩大幼儿合作的范围，能够增加幼儿合作的频率，在体育游戏情境中，幼儿与同伴进行各种交流、沟通、协商、互动、合作，对于充分培养幼儿的合作能力有非常重要的作用。

（二）提升幼儿社交能力

通过快乐放松的户外体育游戏活动，让幼儿的精神需求得到满足，锻炼孩子的人际交往能力。通过进行体育活动来激发和提升幼儿参与体育锻炼的兴趣和参与的积极性，提高他们的健康水平和身体素质，使他们可以更好地适应生活和学习。通过开展丰富多彩的户外体育游戏活动，不仅可以使身体得到锻炼，更会使他们享受到游戏的乐趣，为幼儿提供自由活动和与他人进行交流的空间，从而培养幼儿坚强的品质和乐观向上的生活态度。在体育游戏中，幼儿在展示自己时，也可以设身处地为他人着想，这为幼儿未来适应社会创造了有利条件。同时，体育游戏中对角色的合理分配，也能让幼儿亲身扮演各种角色，体会到各个角色的心理，帮助幼儿适应并融入角色扮演中。例如，幼儿在进行"老鹰抓小鸡"这个游戏的时候，幼儿在游戏中分别扮演老鹰、鸡妈妈和小鸡这三个性格截然不同的角色，通过对不同角色进行扮演，幼儿可以在游戏过程中体验各个角色的特点。在游戏扮演中体会到老鹰、鸡妈妈和小鸡角色的心理，从而增强幼儿的责任感和使命感，提高幼儿对社会的适应能力。

二、幼儿体育活动设计

（一）活动设计前的准备

幼儿体育活动在设计时要考虑众多的因素，主要有幼儿的运动经验、运动水平的发展区间、所处年龄阶段，以及当下年龄阶段的生理和心理发育特点。了解以上这些因素是设计出较为科学合理的体育活动的必要前提。为了提高活动内容的实效性，设计者也需要了解幼儿的兴趣点，如当下比较受幼儿喜欢的动画片等。要了解和掌握活动参与者的运动水平发展区间，以便于合理安排体育活动的内容、运动负荷和运动量。在幼儿体育活动中，所设计出来的某一个体育活动一般是适用于多个年龄阶段的，针对的人群基本涵盖3~6岁所有的幼儿，具有普遍适用性。例如，在将幼儿园大班的某一体育活动用于小班或者中班时，只需根据活动参与者的发展区间和年龄特点在保证活动内容基本不变的情况下，对运动负荷和运动量进行适当的调整。

在幼儿体育活动设计前，设计者要掌握运动生理学、运动训练学和幼儿心理学等相关理论知识及必要的专业技能。学习运动生理学，了解幼儿在不同年龄阶段不同身体素质生长发育的关键点，抓住身体素质发展的关键期，以使活动内容的安排更加具有针对性，以提高锻炼的效果；学习运动训练学，可以使活动设计中的运动量和运动周期的安排更加科学；学习幼儿心理学，能够更好地把握幼儿心理的变化过程和幼儿的兴趣点，使活动内容的设计对于幼儿更加具有吸引力。例如，幼儿通常表现出对游戏特别喜爱的天性，因此，幼儿体育活动设计多以游戏作为载体。活动器材是幼儿体育活动系统中的重要组成部分，活动器材的合理布置可以使活动内容更加丰富，同时器材的设置也能够起到引起幼儿参与动机的作用。从安全角度及一线教师经验来看，在选择活动器材时要偏向于选择幼儿较为熟悉的器材。幼儿体育活动是结合其生理和心理需求及兴趣爱好而确定活动主题和选择活动内容的，为了能激发其参与体育锻炼的热情和兴趣，改变传统体育课和体育锻炼的组织形式和锻炼方法是关键的一步。所以，根据不同活动主题需要选择活动器材是活动内容和活动过程的重要保障。在设计活动的时候，教师要有一定的"预设"，预想幼儿在活动中可能发生的状况，并准备好与之相对应的处理方法。

（二）活动方案的设计要求及步骤

第一，明确活动目标。活动目标是活动的中心主旨，活动目标使活动的内容更加具有针对性，活动中的任何部分都是为活动目的而服务，活动中的任何设计与安排都是为了能够更好地实现活动的目标。对活动目标时刻有一个清晰的认识，所设计出来的活动内容对于活动的参与者就更加具有针对性和实效性。应根据教学要求、教学对象及一般情况下幼儿在某个特定年龄阶段应当达到的运动水平来确定活动目的，体育活动的最终目的是满足幼儿身心素质的全面、健康发展。

第二，确定活动内容。开展体育活动的目的是更好地促进幼儿身体发育，整个活动过程应有目的、有计划地进行。由于幼儿正处于身体快速发育的阶段，教师在进行体育活动内容设计的时候，应当从活动时间、活动难度及实施过程等多方面进行考量，既要保证学生的各个身体器官能得到充分的锻炼，又要考虑到幼儿的体力健康及安全等问题，这样才能设计出符合幼儿身心发展的活动内容。幼儿具有天真、好奇心强等特点，对于一些没有尝试过的新鲜事物往往表现出非常强烈的积极性。教师应当利用学生这种好奇心及探索欲，营造积极的体育游戏活动环境激发幼儿参与的积极性。在一些科学性游戏环境中，幼儿表现出来的主动性更加强烈，幼儿在活动中得到的身体锻炼效果也就会更加明显。首先要根据活动目标的需要设计活动内容，其次是根据活动参与对象的发展水平确定活动内容的运动负荷和总运动量。活动内容的选择是为了产生预期的锻炼效果，尽可能达到预定的锻炼目的。在选择或设计幼儿体育活动内容时，必须依据各个年龄阶段幼儿基本动作的发展特点进行选择和设计，也需要考虑活动的场地器材，不同幼儿园活动场地的大小、器械种类和数量都各有差异，此时就需要因地制宜，充分利用现有条件。

第三，根据活动内容选择合理的活动方式。根据幼儿的运动水平发展区间、运动经验、生活经验、活动的内容、参与的人数、现有场地和器材，以及幼儿的兴趣爱好等具体情况设计不同的活动方式。活动方式的选择不仅限于跑、跳、投等基本单一的运动方式，单一的运动方式显得过于枯燥，且可能导致身体某一部分被过度使用从而造成伤害，也不能激起幼儿的积极性。幼儿运动方式的选择应该符合幼儿游戏的天性，使活动多具有游戏性。常见的游戏方式有以下几种：

（1）直接将带有故事情节的体育活动性游戏作为身体锻炼的主要内容，即情景性体育游戏，让幼儿扮演各种角色，角色围绕主题进行身体锻炼，可以让幼儿沉浸其中，轻松愉快地进行各种练习；

（2）采用游戏的语言，或者是新颖变化的器材吸引幼儿；

（3）体育活动的开始和结束部分让幼儿模仿大象走路、小鸟飞等；

（4）针对年龄稍大的幼儿在活动中增加竞技的成分，以增强趣味性，可以分队进行合作和比赛；

（5）给予幼儿充分的自由时间，鼓励自主创新玩法。

第四，确定活动所需器材。体育器材是开展体育游戏活动中必不可少的组成部分，借助体育器材可以有效提升体育游戏的活动质量与效果。教师可以将体育器材与幼儿游戏进行完美的结合，充分发挥出每一种体育器材的活动作用与价值。由于器材所代表的含义是可以被老师或者是参与活动的幼儿赋予的，相同的器材，在不同的位置或在不同的人手里也许会代表不同的含义，这也是幼儿创造性的体现。合理地使用活动器材不仅能够较好地展现活动内容，也可以引起幼儿的兴趣，使其积极主动地参与到活动中来。选择器材时应该多选日常生活中常见的，幼儿对日常熟悉的东西会表现出一定的亲切感，比较容易达到吸引幼儿注意的目的。总之，在幼儿教育中幼教老师要充分利用好器材设施，要能够多方面多维度地开发器材设施的功能，用来丰富体育活动的内容，提高幼儿体育活动的趣味性和丰富性。

第五，确定活动主题和情景故事。幼儿所处的年龄阶段使其对于情景故事表现出浓厚的兴趣。结合器材的布置，在幼儿的体育活动中一般会赋予一定的主题和情节，对基本的动作稍加变通，使动作和情景很好地结合到一起，可以使一些比较单调乏味的动作变得更加具有趣味性，能够更好地吸引幼儿参与到活动中。幼儿体育活动中的情景也承载了一部分教育任务，借助情景故事，顺势对幼儿进行"教育"，可以较为容易地被幼儿所理解和接受。根据活动的内容、器材布置，再配合有趣的情景故事能够较好地抓住幼儿的兴趣点，以提高幼儿参与活动的积极性，提高活动内容的实效性。

第六，确定活动规则。幼儿成长发育是一个相对持续而漫长的过程，他们的生长发育历程始终遵循着由上到下，由粗到细，由低到高，由简到繁的规律，事实上身体各器官的发育均存在不平衡现象，有先有后，有快有慢，同时还包括正侧发展规律、头尾发育规律等众多自然基本规律。所以，体育游戏内容也要切实考虑幼儿的生长发育规律，玩法和规则要符合这个年龄段幼儿的专属的运动规则和特征，幼儿运动不是成人运动的缩小版，它有专属的规则意识，教师应该在这个规则下推动幼儿的动作发展及社会性的认知规则的遵守。设定较为适宜的活动规则能够提升活动的趣味性，同时也是活动组织性和教育性的保障。为保证活动顺利进行，需要对活动内容、活动范围、活动形式做出规定并提出要求。在竞赛活动中，规则还是评定胜负、体现公平公正的准则和依据，让幼儿遵守规则也是一种社会性教育。在一些存在竞赛性质的活动中，需要幼儿对自我有一定的认知，需要幼儿知道只要是比赛就会有输赢，引导幼儿坦然地面对这些，引导幼儿感受体育精神，在这个过程中通过运动幼儿依然可以表现出自信的一面和乐观的精神状态，这些对现在和未来都会产生一定意义上的积极影响。

第七，幼儿体育活动的检验和修改。活动设计完成后首先由教师进行体验，修改其中的不足之处；其次通过教学实践检验；再次修改完善，在教学实践中安排众多有能力和教学经验的教师进行观摩、点评、讨论；最后修改和补充，以保证设计活动的实用性和可操作性。

第五节 幼儿园美育教育课程建设

幼儿美育是以幼儿现实生活经验为基础，以生活中美的事物为载体，培养幼儿完整人格，促进幼儿身心和谐全面发展，培养幼儿审美情趣，满足幼儿追求美的教育。幼儿美育目标是要培养幼儿拥有美好、善良的心灵和懂得珍惜美好事物，幼儿美育课程要开展适合幼儿身心特点的艺术游戏活动。幼儿美育渗透在幼儿日常生活的各个领域，以自身的生命体验去感受美的事物，不仅能唤醒幼儿审美心灵，使幼儿获得愉悦情感和促进身心发展，也能激发教师课程开发意识，提高审美素养，有利于幼儿园形成特色学科，促进社会人文资源建设与发展。

一、幼儿园美育课程开发的价值选择

（一）培养幼儿审美情趣

世界中美的事物应该在课程中拥有适合的位置和表现，美育应成为幼儿园课程体系的重要部分，它是动心、动情，并受其激励去动脑、动手实践和创造的教育，美育课程开发必须将幼儿的审美教育和生命成长联系起来。幼儿园美育目标力求帮助幼儿发现、感受、表现、创造生活中各种美丽事物，努力激发幼儿审美情趣，初步养成审美能力并强调美育精神在课程中的体现，根据幼儿身心发展规律、审美特点等关键因素以满足幼儿身心发展，让幼儿在美育课程活动中唤醒自己、发展自己。幼儿阶段是人一生的初始阶段，有其独立存在的价值也有其为成人期做准备的价值，由此可以看出幼儿教育也是人终身教育的基础。幼儿教育应是全面发展的教育，要将幼儿审美道德能力和情感创造能力融入美的教育中，使幼儿身心愉悦，善于主动发掘自己，完成审美享受。在美育课程中，幼儿的美感倾向是以自我整体和谐与外界环境的整体结构而达成同构或对应的一种注意机制，而幼儿审美体验是以一种直观具象的活动展开，以美的生活形象来生动地表现幼儿的初始心灵传达和情感传输，相互感染、相互熏陶、潜移默化进行心灵碰撞，是幼儿与幼儿、幼儿与教师、幼儿与周边环境相互交流的过程，产生"审美情趣、审美共鸣"。幼儿在美的课程中能够快乐成长，养成积极乐观的性格，激发生命的内在生长力，促进身心和谐发展。

人是主体性的存在，人是受动和能动的统一体，人能够积极地、能动地改造

外部世界，从而满足自己的需要。人的主体性的发展依赖于教育，教育作为一种培养人的社会实践活动，其本质是对受教育者主体性的培养过程。但教育之于人主体性的发展并不是一种简单的因果关系，教育对于主体性的发展而言是外因，只有当教育具体渗透到或直接成为个体的活动要素时，教育才能真正发挥对个体的影响作用。教师要确立正确的幼师角色，促进幼儿主体性的发展，尊重幼儿在美术欣赏、美术创作、美术评价中的主体地位。转变自身角色，从幼儿美术学习的"独裁者"变为幼儿美术学习活动的支持者、帮助者、合作者，更多地赋予幼儿美术学习的自主权。在美术教学设计时，要了解幼儿的审美心理和美术发展水平，熟悉幼儿的美术选择和兴趣爱好，并将其作为教学活动设计的重要依据。

（二）提高教师美育素养

教师是幼儿园美育课程开发的主导者，是搭建幼儿与美育课程相互作用与发展的桥梁。幼儿园美育课程不仅对幼儿身心产生深远影响，也是教师自我实现、提高教师职业认同感与幸福感的重要纽带。在美育课程中，幼儿有其自我感知、自我表现、自我创造的意识，要求教师在遵循幼儿身心发展规律和审美特点基础上深刻理解幼儿美育内涵、掌握以美育人的技巧，了解美的内容和形态，懂得美感不仅是眼前的赏心悦目，也是情感上的共鸣、心灵上的震撼和精神上的满足。在幼儿一日生活中，教师要捕捉美的事物融入幼儿教育中，通过师与幼的互动磨合、师与师的沟通学习形成独具特色、激发审美情趣的美育课程，不仅展现了教师幼儿美育支持者与合作者的形象，也体现了教师的创新精神与合作能力，有利于教师增强自身的专业知识，丰富课程教学内容与美育课程观念，推动教师从"知识传授者"成为"课程建构者"，从"经验型教师"上升为"创造型教师"，有效提高教师审美素养和人文素养，激发课程教研意识与能力。

（三）促进幼儿园特色化发展

幼儿园能够持久发展需依托园所特色、校本文化及优质课程建设。幼儿园课程是学校特色文化建设的基础和传播媒介，幼儿园特色化发展的标志在于园所教育文化的多元化、教育理念的个性化、教育实践的多样化，通过特色文化与课程相互融合，开发适合幼儿身心发展、培养幼儿审美的美育课程。因此，校本课程作为学校知识、经验、活动、情感、目标的综合体，应体现不同学校的个性和内在品质。特色化发展一般是从园所本身、受众人群和社会资源比较，美育课程促进幼儿园依托自身特点融合本土资源文化以形成独特的园所文化价值取向；促进幼儿在原有身心发展基础上去发现美、感受美、表达美、创造美，养成健康的审美情趣并提高教师审美素养、人文素养；促进社会基础设施建设，如博物馆、文化馆丰富了人们对美育的认识及社会资源传播。美育课程建设在这三个因素中都发挥了自身有效性、独特性和积极性，幼儿园美育课程开发是幼儿园特色化办学的重要途径，也是幼儿园保存自身竞争优势与生存发展的重要法宝。

（四）促进社会人文资源建设与发展

幼儿园美育课程开发的社会价值主要体现在社会人文资源的建设上，蕴含信息知识文化、传统文化遗产、基础文化设施等资源。美育课程开发直接关系着社会文化发展和文化信息的传播。美育课程与现代信息技术整合，拓展了幼儿发现现实世界与虚拟空间的眼界，给予幼儿虚实结合的场景体验，丰富了视野创造想象，也提高了幼儿的现代信息技术素养；美育课程与传统文化的融合，丰富了幼儿园美育内容，有利于优秀传统文化的创新与文化遗产的传承，也增强了幼儿对本土传统文化的认识与喜爱；美育课程促进了社会基础文化设施的建设，校本课程开发的隐性价值或长远价值就是促进地方社会的发展，对其发展理念、模式和人力资源的培养具有较大影响，基础文化设施的规划理念与建设思路是为社会服务、为人民服务，不仅为当地文化建设创造条件，促进经济发展，也引导人们善于用美的眼睛发现美好事物，用美的思维建立美好形象，用美的行动创造美好生活。

二、幼儿园美育课程开发的实施路径

（一）明确幼儿美育课程目标

幼儿园美术教学设计是教师基于幼儿发展需要、美术学习特点而进行的方案预设。但是，教师毕竟是他者，美术教学也只是为幼儿视觉审美提供了一种方式。幼儿园美术教学的最终目的是帮助幼儿拥有一双审美的眼睛，能够依靠自己的审美的眼睛，发现生活中的美，感受美和创造美，最终成为富有个性和创造力的"生活艺术家"。教学设计要重视幼儿的自主选择，支持幼儿自主发展，更多地赋予幼儿美术学习的自主权，促进幼儿审美自主性的发展。幼儿园美术教学不是教师的独角戏，幼儿不是被动地接受"美"的客体，而是主动参与审美活动。幼儿园美术教学设计，要将教学作为促进幼儿个性发展的重要途径，而幼儿个性发展的关键在于审美的个性化需求。既要尊重幼儿一般的美术学习特点和需求，又要为个性化的美术创作留有空间和余地，使得整个教学活动设计具有弹性和灵活性；尊重幼儿对同一个主题的不同表现方法，或者是对同一个作品的不同理解，充分发挥美术教学差异化的特点；更多地从幼儿的角度出发，考虑整个教学活动是否丰富了幼儿的审美感知和审美体验，是否发展了幼儿个性化审美的发展要求，从而为美术教学促进幼儿个性发展奠定基础。

任何教育的发展至少有一种目标模式，都必须以一个明确的总目标或分类目标系统为标准。幼儿园美育课程亦是如此，不能仅局限于知识目标的教学，情感、意识、实践目标同样重要，不同目标层层递进共同促进幼儿审美素养和身心和谐发展。在幼儿园美育课程教学中，将"知情意行"的目标嵌入在幼儿周围环境的各种美丽事物之中，"知识与技能目标"是帮助幼儿理解事物的性质、特点及功能之美；"情感目标"主要培养幼儿对事物喜、怒、哀、乐的情感之美；"意识目标"的目的是帮助幼儿发现美的事物、追求美的东西，对美的世界保持美的意识与渴望；"实践目标"强调当幼儿发现和认识了美的事物产生强烈情感，教师要帮助幼儿依据自身愿望和特点表达美、创造美，使其付诸实践。

幼儿园美育课程内容即教师教什么、幼儿学什么，内容设置要突出幼儿的审美兴趣，促进幼儿身心和谐发展。内容选择包括自然美、社会美、科学美及幼儿自身的美丽事物，可以是幼儿周围环境中熟悉的景物、幼儿与幼儿之间交流的点滴、民族节日和季节变换而创造的活动、寻常时刻唤醒灵感与创造的思维。归根结底，幼儿园美育课程内容要不断更新、顺应幼儿的兴趣与认知领域，以多元化、动态化的美育课程内容吸引幼儿注意力、激发幼儿审美情趣，保持对美的追求与喜爱。

（二）加强美育课程体系改革

幼儿园美育课程的实施是美育目标与美育内容的具体实践，是怎样将明确的美育目标和丰富全面的美育内容体现在幼儿身上，产生实效性。美育课程实施过程不应只在课堂中，更应不断探索丰富多元、循序渐进的课程模式，如游戏式、活动式、区角式和潜隐式等。幼儿教育在幼儿园中常常见于游戏与活动，而幼儿美育培养亦可用之。游戏是幼儿的本性，美育可借助游戏发掘幼儿的本真，让幼儿感受自由之美、好奇之美。活动对幼儿来说就是他们在幼儿园生活体验的全部，幼儿在活动中学习、在活动中成长给予幼儿全面体验，美育课程以活动循序渐进地展开，帮助幼儿体验民族节日活动，感受传统文化之美，让幼儿体会参与美和表达美。区角是幼儿园文化的一部分，也是幼儿释放自我、表达自我、创造自我的秘密角落，在幼儿园的区角内实施美育课程以帮助幼儿释放天性，让幼儿在独立空间创造自己的想象，形成自己的思维模式和实践方法。隐形的美育课程模式包含了教师的倾听与支持、环境创设和物质提供这三方面。幼儿园美育课程的实施离不开教师对幼儿的美育支持，教师是幼儿美育学习的支持者、合作者与创设者，也是幼儿表达美、创造美的倾听者、鼓励者和观赏者。幼儿园美的环境的创设和课程设施潜移默化地影响着幼儿感受美、发现美，幼儿熏陶在美的氛围中以陶冶性情、完善人格，为其学习生活提供丰富的空间和条件。

（三）完善美育管理机制

1. 建立幼儿美育课程保障制度

幼儿园美育课程开发与实施依靠特定制度的保障，教学质量才能得以提高。幼儿园美育课程保障制度可以通过教育部门牵头，有关各部门配合，学校落实及社会参与，从行政管理系统、财政支持制度、政策扶持制度等维度进行。首先，行政管理制度是幼儿园美育课程开发有效进行的必要机制，为了保障课程创生有效地进行，幼儿园必须对教师在课程创生环节进行制度规约，教师在幼儿美育发展中要以身作则，给予教师一定约束与评价，促使美育课程顺利开展；其次，美育课程开发不仅需要国家财政支持也需要物质资源支持，主要包括课程调研经费、美育基础设施建设经费等；最后，国家、地方及幼儿园应建立美育课程相关政策，涉及美育课程的教学方案、设施建设、师资培训、激励制度及教学质量评价、督导制度等政策的执行。

2. 建立多维美育评价机制

幼儿园课程评价是幼儿园美育课程开发的一个重要环节，是科学地判断幼儿园课程的价值和效益的过程。美育评价的主要对象是幼儿，幼儿是持续性动态发展的人，评价机制应注重多维性、开放性，以及幼儿自身生长性、协同性和完整性的特点。多维性、开放性从三个方面出发：美育评价主体、美育评价内容和美育评价方式。幼儿美育评价主体应该多元化，通过自身在美育课程的交流合作与探索学习进行自我评价、同伴评价及教师家长评价，幼儿根据自我意识、兴趣来判断和评价。幼儿美育评价内容的根本目的也是促进幼儿的美育发展，美育内容的选择包括幼儿发展的全部生活，具有全面性、开放性和生成性，这也正是评价幼儿美育发展的重要机制，注重培养善良心灵、饱满情感。幼儿美育评价方式有档案袋评价和过程性评价，幼儿美育发展程度可通过档案袋来检验，收集幼儿在园照片、视频和作品表现对美的认知来随时了解幼儿的审美情趣和审美能力；过程性评价强调幼儿在美育课程实施前、中、后的审美态度和审美兴趣变化的记录与考量，也映射了教师美育的实施过程，美育课程内容可见一斑。

（四）提升教师美育专业素质

1. 树立教师美育课程新观念

社会的发展正以前所未有的力量塑造着当代人的生活，也作用于幼儿的生活，在当今的幼儿既不是"遥指杏花村"的牧童，也不是"未受城市'污染'"的爱弥儿。随着文化基础设施的加速完善，幼儿有越来越多的机会进入文化馆、艺术馆、博物馆、展览馆增加自己的经验；交通和交通工具的改善，打破了地域对生活空间的限制，幼儿有更多的机会感受不同的生活体验；随着家庭对教育的重视程度和投入的不断提升，幼儿的生活环境和处境得到了很大的改善。信息化社会的继续演进使幼儿不可避免地被卷入信息的浪潮之中。学龄前幼儿直接或间接使用互联网的经验非常多。可以说，互联网已经与幼儿的生活紧密地交织在一起，幼儿直接或者间接通过互联网获得了丰富的信息。这些信息成为他们日常经验的组成部分，并影响幼儿的认知方式和认知结构。现代工业社会的大生产能力和消费文化，使得艺术品快速低廉的"复制"成为可能，横亘于艺术审美与大众之间的界限不断解构。大众的衣食住行吸纳了越来越多的艺术化要素，日常生活越来越多地表现出"艺术品质"。

现在，美育课程对教师的要求越来越高，幼儿园美育也被认为是学龄阶段审美教育的重要启蒙，要求教师要改变传统的美育课程思维和观念，树立以幼儿为中心的"大美育"课程观。"大美育"课程不是简单地在音乐、美术课程中以知识技能为目标理念培养幼儿，相反，美育课程覆盖在幼儿生活成长的所有活动领域和幼儿园教育系统所有环节，教师要力图培养幼儿以美育锻造体质、美育开发智力、美育辅助德行、美育历练劳力、美育充沛感情、美育塑造心灵的"大美育"课程观来培养幼儿审美情趣产生共鸣，将"大美育"课程观贯穿幼儿生活的全部，融合到园所美育课程目标、美育课程内容、美育课程组织及美育课程评价全过程，最终促进幼儿德、智、体、美、劳全面发展。

2. 优化教师美育知识结构

幼儿园美育教学质量的提高得益于教师的核心素养和专业素质。教师每天面对的是正在生命成长、道德形成、情感积累的幼儿，教师的道德品质、知识素养、人格魅力都深深地影响着幼儿，教师要在教学实践中不断学习反思、积累经验，不断历练自己、充实情感，同时强化美育知识结构，提升自身专业素质，内化美育精神境界，潜心钻研优秀美育理论，夯实美育实践经验，能运用丰富的研究方法对幼儿美育课程进行综合性研究，最终打造具有本土化、特色化的美育课程，构建具有系统化和中国化的美育理论。要与教师和专家分享经验、取长补短，促使自己爱上钻研，最终成为课程的开发者、建构者、实施者与受益者。

3. 提高幼儿教师美育核心素养

教师美育核心素养的提高离不开政策支持。国家制定颁布美育政策配齐配足美育教师，加大学校美育教师补充力度，以优秀示范学校的美育带头人带动其他学校美育教师，实行"同伴互助""教学相长"的结对策略，共同提高美育教师数量和核心素养；教育部门应加强教师的专业培训和考核，如实行国培、省培和校级专项培训以提高教师核心素养，保证教师有不断学习的机会；幼儿园要制订美育激励制度，对教师的教研成果给予鼓励和表扬，为优秀的美育教师提供进修机会和经济补贴，或开展美育教师职称评定，以激发教师的美育潜能，保持对幼儿美育的热情。

（五）拓展幼儿美育文化渠道

1. 美育课程与传统民族文化相融合

中华文化源远流长、博大精深，传统文化是中华文化发展的结晶，将传统文化融入幼儿园美育课程是大势所趋。幼儿园美育课程架起了连接幼儿与优秀传统文化的桥梁，增强了幼儿对民族文化的认同感，有利于中华优秀传统文化的传承与创新。美育课程有开放性、动态性的特点，巧妙与传统文化的多元性相融合，幼儿园要依托幼儿教育领域特点将传统文化凸显在幼儿园的美育课程体系中，充分利用本土自然风貌、民俗活动、民族语言和服饰等传统，融入美育课程，开展喜闻乐见的园所主题活动，以生活化、游戏化的形式将传统文化审美化、艺术化，让幼儿感受家乡风貌的地域之美、发现家乡民俗的乐趣之美，触发幼儿审美乐趣、形成审美态度，继而保持对传统文化的喜爱感和认同感。

2. 美育课程与现代信息技术相适应

信息技术发展给幼儿教育提供了无穷力量，也给幼儿美育课程的实施提供了多样化手段和技术支撑。数字化时代为幼儿了解科学之美创造了条件，强调幼儿亲身经验和实践操作，拓宽了幼儿发现美、创造美的空间，让幼儿在虚实结合的情境中感受科学的魅力和发现美育的情趣，促进幼儿感知能力发展。幼儿审美认知水平处于好奇好动的具象阶段，以生动形象的事物感知、探索世界，满足自身的求知欲。在美育课程前，可通过VR、PPT动画、视频等信息技术为幼儿提供情境式导入，营造美的氛围或环境，让幼儿以直观的视角和体验感同身受，激发幼儿兴趣；在美育课程中，幼儿在教师支持下通过信息技术绘画作品、制作视频并通过PPT动画演示出来以展现幼儿的表现力和创造力，形成"创造与互动""轻松与愉悦"的美育学习环境，促进师幼关系和谐发展；在美育课程结束后，可利用信息技术带领幼儿回顾课程内容增强幼儿的感受力和学习力，保持幼儿对科学美的好奇。

随着幼儿的生活环境极速变迁，对幼儿的审美体验、审美经验产生了潜移默化的影响。因此，幼儿园美术教学设计内容的选择，必须基于幼儿的生活。幼儿园美术教学设计的内容要能够引发幼儿生活中"美"的回忆和认知，尽可能地选择与幼儿生活紧密相关的生活化内容，丰富幼儿的审美体验。同时，美术教学设计的内容要能够支持幼儿经验的迁移。也就是使幼儿能够把美术教学中获得的经验迁移到生活中，帮助幼儿从生活中发现美、感受美和欣赏美，用审美的眼光去看待生活和世界，形成"真情"，为幼儿审美人生的开端奠定坚实的基础。

3. 美育课程注重幼儿寻常时刻

幼儿学习时刻浸润在幼儿一日生活中，而最佳的学习时刻往往隐藏在一日生活时间中轻松简单的细微之处，而非那些系统复杂的庞大时刻。尊重幼儿、倾听幼儿、发现幼儿起始于日常时刻，更能找寻幼儿的真实状态和成长细节，正是幼儿一日生活中这些不起眼的细节和状态的呈现隐藏着不可磨灭的教育痕迹和丰富有趣的教育资源，因此，发掘幼儿日常时刻中的真实表现构成满足幼儿审美发展的美育课程资源，以丰富幼儿审美体验和生活经验。作为幼儿教师要善于观察幼儿、发现幼儿和挖掘幼儿，注重幼儿生活中非规则的日常时刻以发现他们的闪光点和成长点。幼儿在非结构课程中，即日常时刻所展现的各种美就是课程资源，将细微之事的美放大到幼儿生活的轨迹，从而造就适合幼儿审美特点和身心发展规律的美育课程。

第四章　新时期幼儿园教学活动

幼儿园教学活动是幼儿园教育的重要组成部分，本章主要介绍新时期幼儿园教学活动。第一节为幼儿园教学活动概述，第二节为幼儿园教学活动的设计创新，第三节为幼儿园教学活动的组织创新。

第一节　幼儿园教学活动概述

一、幼儿的行为特征

前面介绍过幼儿的发展特点，根据不同年龄幼儿在同一方向发展特征，从五个方向上来分析幼儿行为特征：

（1）在身体发育上，幼儿的身体机能在快速地成长。其身体素质，身高体重，运动技能，行为信心都在快速发展。随着身体肌肉组织的发展能在行走上从缓慢爬行到独立流畅的行走，完成上下楼梯的行动，在奔跑上从小跑到快速奔跑，躲避障碍物，保证自身安全，幼儿的日常活动从需要辅助器械到独立自由活动，需要不断通过重复奔跑、跳跃、攀爬。平衡运动的实现，需要通过肌肉的重复性训练来获得。幼儿所处的环境中，更多的环境以成人的尺度为主，这与幼儿的身体机能的认知和发展是相违背的，在幼儿活动的空间中家具和空间的尺度应该以满足不同时期幼儿活动的需求为基础，给予幼儿自由成长，锻炼身体机能的适度空间。

（2）在语言方面，幼儿的心理认知在快速的发展，随着语言水平的发展，幼儿在情感认知、逻辑认知、语言表达能力上都有着显著的发展。喜欢倾听，并表述自己。喜欢观察年龄较长者的语言行为模式，并进行模仿、与人分享。

（3）在社会方面，幼儿从想参与，到主动参与，到积极主动参与到社会化的活动中来；从刚开始的熟人社交，到拥有自己的固定社交范围，到最后的不同年龄都可以主动融入社交活动中来。幼儿会跟随年长的幼儿学习，并喜欢融入其中。将幼儿单纯以年龄进行划分，无法满足幼儿不同年龄间相互社交的需求，限制了幼儿的社交能力，无论是蒙特梭利的混龄教育，还是瑞吉欧的团队协作，都需要不同年龄混合交往。

（4）在科学方面，幼儿的感官发展迅速，感官的发展对于幼儿的成长有着重要的影响。幼儿喜欢接触源于自然界，例如植物、风雨、气候等，喜欢探索发现源于自然的一切现象，喜欢观察分析身边物体存在的方式，如硬度、尺度、数量等。通过观察记录来总结发现身边出现的现象，喜欢与人分享。

（5）在艺术方面，有着丰富的想象力，周围的自然环境、声音、物理现象对幼儿有着天然的吸引力。喜欢用不拘泥于形式的方式表现出来。

二、幼儿的活动空间

空间是指衡量物体与物体之间位置差异的单位，空间通过宽度、高度、大小、长度四个维度表现出来。空间能包含所有物质与物质活动的场所，既是一种可以接触的实质的具体空间，又是一种可以感触思维空间的抽象概念。幼儿的活动空间可以分为动态空间和静态空间两种。

（一）动态空间

动态空间是一种流动的空间，空间具有开放性和视觉上导向性等特点。开放性的动态空间需要满足幼儿的三方面需求，即探索空间、交流空间、感知空间。

（1）探索空间。探索性的活动空间主要依据幼儿天生的探索欲望，包括对空间的探索、对科学的探索、对自然的探索、对行为模式的探索。依据兴趣的选择空间需要分为不同的主题性空间，例如科学实验室、手工室、攀爬区、植物室、楼梯下方以及其他的角落空间等，幼儿能通过探索实践的体验来构建他对这世界的认知，满足他们身体机能发育的需求，不同主题的空间探索可以开发幼儿的思维潜力，激发创造力。

（2）交流空间。传统的幼儿空间按照年龄和数量的分类将幼儿强制分隔在一个个单独的空间，交流的人群类型单一，不利于幼儿言语的发展和社会认知的发展。这就要求提供开放式的活动空间、串联的活动空间，设计上需要考虑混合型的交往空间，如阅读角、中庭、娱乐区。这种不同年龄之间的情感交流可以提升幼儿的社交与语言能力，更好地适应新环境的变化。

（3）感知空间。感知空间需要满足听觉、视觉、触觉、嗅觉、味觉的发展。身体对环境的感知是无处不在的，它包围着我们的生活。明亮通透的教室，指引方向的连廊、楼梯、中庭，开发着幼儿视觉和方向感知；墙面和家具的材质、尺度，通过触觉引导幼儿的触觉感知水平；音乐教室、植物，都影响着幼儿的嗅觉、听觉和视觉的发展。

（二）静态空间

静态空间是一个相对围合的空间，幼儿初到一个新的环境中需要一个适应的过程，静态的空间需求一个舒适，有安全感的环境氛围，如午休室、阅读室，在设计上要注意空间的光线与空间的装饰材质运用。

三、幼儿园教学活动的主要内容

（一）促进身体发展的教学

幼儿熟练、协调的身体运动和动作，是正在萌发的身体机能（来源于身体发育与成熟）与技能（来源于成人教学体育、在休息和自由游戏中练习新技能的机会）相互作用的结果。通过游戏，幼儿多方面的身体运动能力可以得到发展；但是，幼儿还需要成人的指导—包括有计划的身体运动活动、显性的教学（言语的和示范的）以及结构化的发展身体运动技能的机会等—才能形成终身受益的积极主动的健康体魄。

久坐不符合幼儿通过运动、探索、操作物品等活动来学习的特点。对幼儿室内外的积极主动的游戏，教师要进行设计和规划；教师要敏感地了解不同年龄幼儿的需要；在幼儿跑、跳、攀爬、平衡、投掷、抓握及探索自己的精细动作技能时，教师要关注幼儿个体的能力与兴趣。另外，教师的课程计划不能只停留在团体游戏（如"鸭子、鸭子和鹅"）上，还应包括通过各种学习任务来发展幼儿基本动作技能的活动。幼儿需要在日常环境中用他们的感官进行探索和学习，体验各种事物。在整个幼儿园阶段，帮助幼儿认识物体特征、图像符号和其他提供刺激的物体、经验、教学策略等都有益于幼儿的发展。

日常活动应为幼儿提供丰富的发展大肌肉运动能力的机会和知识。例如，搬运物品、散步、身体锻炼、音乐律动、角色游戏和表演游戏等，都是一日生活的组成部分。游戏器械应丰富多样，如杯形高跷、小型蹦床、阶梯、平衡木、跳环、跳绳、沙包、滑板、木偶、掷环玩具、彩虹伞、地板拼图、空心积木、大型乐高、角色游戏用的婴儿车等。室内应有较大的身体运动空间（有地毯区、无地毯区），以供幼儿开展身体运动和其他活动（如投掷、跳跃）。

户外是发展大肌肉运动的理想环境，在户外环境的使用必须有规划和监管。

户外应配备必要的设施，如小型爬网、打排球用的球、泡沫球与球拍、三轮车或滑板等。教师可以设计多种户外活动，如彩虹伞游戏、球类游戏、障碍训练游戏、集体游戏（如水果篮子），规划备有平衡木、梯子、爬网、轮胎的锻炼区。

教师可以采取多种教学策略来促进幼儿的大肌肉运动，并将移动、静止、精细动作技能与空间概念、努力、与他人和环境的关系等整合在一起。由于幼儿第一次参加一些肌肉运动活动，因此他们的感知判断还不成熟，成人需要给予大量的直接指导。户外环境和设施应满足不同程度的平衡和协调等任务的要求。攀爬架下方应铺设15~30厘米的地面材料来保护幼儿，以免幼儿跌落摔伤，摔伤幼儿受伤的主要原因之一。有目的、有计划地设计的户外活动应挑战幼儿使用多种运动技能，如使用障碍训练道。但是，它们应根据幼儿的成熟程度、兴趣、经验、练习、成人指导、营养、残障和超常能力（确定或潜在的）来进行调整。

在幼儿园阶段，幼儿的精细动作发展较慢。但丰富的活动机会、适宜的材料以及成人的支持可以促进幼儿精细动作的发展——正如在一些为幼儿提供多样的精细动作运动机会和较高的文化期望的机构中所看到的那样。过早地让幼儿进行较难的精细动作任务不仅会让幼儿感到失败和受挫，还可能会让他们感到压力，并认为自己缺乏能力。认可幼儿能做的、尽力支持幼儿尝试新的活动，可以在很大程度上鼓舞幼儿。到学前班阶段，幼儿能够更熟练地从事更长时间的精细活动。幼儿应该有机会接触各种材料和物品来发展和锻炼精细动作技能（如接触用于计数和分类的小物品、洞洞板、串珠、拉拉链或系扣子的衣服和领带、娃娃和配饰、剪刀、颜料和黏土），以及练习功能性动作技能（如倒牛奶、布置餐桌、吃饭、穿衣）。

教师最好通过对有计划的、适宜的任务的观察来评价幼儿的身体发展。观察一组幼儿跑步，并不能有效地识别出能力较强或较弱的幼儿。在障碍训练场上，通过观察每个幼儿在平衡、跳进、跳出、跳过（如跳环、通道）等任务中的表现，可以全面了解每个幼儿的肌肉运动技能。对于残障幼儿，则需要调整常规活动。通过提供辅助技术（如改良的键盘、开关、触摸装置、制图软件等），手部受限的幼儿可以通过画画、设计等来练习精细动作。为有身体残障的幼儿提供可以移动和主动参与的活动也很重要。设施或环境的调整是必要的，如游戏场地和设施设置轮椅通道，或使用标识和符号帮助失聪幼儿参与音乐或身体运动活动。

以有趣的体育游戏内容来激发幼儿的体育锻炼兴趣，是促进幼儿身体发展的关键。教师可以根据幼儿的实际身体状况，以幼儿的兴趣爱好为基础，多渠道寻找一些有趣的体育锻炼游戏。体育教师将搜集到的体育游戏素材与体育教学实践相互融合，设计出有趣的幼儿体育教学内容，使幼儿得到有效的体育锻炼。其中，体育教师可以上网搜集各种有趣的民间体育游戏素材，将这些好玩、有趣的民间体育游戏内容都记录下来，根据幼儿园的实际教学环境、场地设施，进行体育游戏的设计与完善，做好幼儿体育教学的有效准备。根据幼儿年龄的增长以及心理各方面的发展特点，教师可以借助民间传统体育游戏活动来激发幼儿的体育锻炼热情，实现对体育教学的创新与优化。比如"跳房子"这个小游戏，它是在地面上画一些格子，格子里面画上数字，幼儿按照格子里的数字顺序来跳格子。教学时，幼儿可以带着一些珠子，以增加游戏的难度和乐趣。如幼儿在跳跃的过程中，尽量不让珠子落下来，珠子也只能落在格子里，珠子落在线上和线外就出场，这样更能激发幼儿的活动参与激情。基于此民间游戏，教师可以适当增加游戏的难度，能使此种游戏发挥更好的体育锻炼价值，如要求幼儿脚上扎上一定重量的沙袋，以便在幼儿跳跃过程中锻炼他们的腿部肌肉及跳跃能力。将传统的"跳房子"民间游戏融入体育教学中，既是对体育教学内容的优化，又提升了体育教学的趣味性。

（二）促进语言发展的教学

在任何教学活动中，教师都是学生学习过程中的辅助者，学前教育工作之语言教学活动中，教师是学生语言表达能力发展方面的引导者。对此，教师应当意识到自身教学观念对幼儿语言发展的重要影响，在教学中充分尊重幼儿的课堂主体地位，在教学活动设计中，应以班级幼儿实际的语言能力为主要参考，使语言课堂教学方向与幼儿的需求相一致。在课堂中，教师要时刻注意自身"引导者"的身份，帮助幼儿明白"如何说"，而不是要求幼儿"说什么"。积极与幼儿保持高效交流，打造和谐健康的师生关系，提高幼儿对语言课堂的配合度与自主参与度。陶行知先生的"生活即教育"理念中指出，在教学活动中，要以生活为师，使教学活动素材来源于生活，再让学生内化成为学习能力与生活常识。在幼儿教育中，教师也要秉持这个教育理念，拓展教学格局与资源，使语言教学内容更加多元化。这种教学方法不仅可以使教学资源更具多面性，而且还能为幼儿创设生活化的语言教学情境，让语言能力培养更加贴近幼儿生活。

学习兴趣对个体学习效率的重要影响，若能用教学方法激发学生对语言教学活动的学习兴趣，那么教学实效性将得到很大提升。当前大部分幼儿园的电子教学设备配置十分齐全，教师要充分借助当前的优势与条件，在语言教学活动中积极应用电子教学设备，让原本静态的知识"动"起来、立体化，吸引学生的课堂注意力。例如，教师在进行《爸爸妈妈我爱你》这一活动时，可以向幼儿分享小时候的喜爱动画片，为了与他们拉近距离，与他们分享个人最喜爱的精彩片段，孩子们看到教师侃侃而谈，便也参与到了交流中，在这个过程中，很多幼儿也会积极分享自己最喜爱的动画片，向同学和教师讲述其中的精彩故事。

如果成人能提供很好的支持，那么幼儿的词汇、语言以及对文字的兴趣就会在幼儿园阶段得到快速的发展。教师可以采取多种方式来丰富和扩展幼儿对语言的内在兴趣，如专注地倾听、扩展对话、阅读和讨论图书、在班级里提供图书和书写材料等读写材料。教师应牢记，虽然一些幼儿来自语言经验丰富的家庭，但有些幼儿没有这样的经验。教师应了解每个幼儿的水平。在一个有丰富语言刺激的教室里，让每个幼儿都能在幼儿园阶段获得重要的语言发展。

第一，促进口头语言和词汇知识。与成人和同伴（尤其是与语言技能高于自己的同伴）进行持续的对话有利于幼儿的发展，尤其有利于那些在词汇和其他语言方面发育不足的幼儿。在这种对话中，教师需要全神贯注地倾听幼儿，鼓励幼儿主导对话，适时回应和评论以丰富对话，让幼儿畅所欲言。扩展幼儿的句子也是有效的支持方式。例如，当幼儿读图画书时，他可能会指着图说"一只白熊"，成人可以说"是的，一只白色的熊妈妈和她的宝宝"。这样的回应强化了语言含义，能够为年幼的语言学习者增加额外的语言信息。对话应包括关于不在眼前的事件、经历或人物的讨论—过去、将来或想象的事件。这样的互动需要幼儿和成人使用更多的解释、描述、陈述和假设。

在幼儿研究感兴趣的主题的过程中，专业知识丰富的教师会有意识地扩展幼儿的词汇。例如，当幼儿研究交通时，他们可以学习"交通工具""庞大的""拖拉""推动器"等词汇。幼儿探索新主题和观点的项目活动和其他深度研究活动，都提供了很好的机会以激发幼儿的对话和游戏，鼓励幼儿运用语言形成观点、评价结论、解决问题、预测结果。另外，教师需要有目的地介绍幼儿可能在日常会话中没有接触到的新词汇。他们应使用日常语言来简要地描述每个词汇，使用同义词，鼓励幼儿在其他情境中应用词汇。

除了扩展的师幼对话，游戏是另一个富含语言学习机会的情境。幼儿要在游戏中用语言来计划和协调，他们在这些情境中有很强的动力去有效地沟通和交流。在角色游戏中，幼儿使用语言表演他们的角色。为了充分发挥游戏的价值，教师应观察幼儿，决定何时以及如何帮助幼儿来提升幼儿的游戏，如通过一起计划一个游戏场景或维持较长时间的游戏等方式。高水平的游戏会引发更复杂的语言互动，如幼儿规划场景、讨论规则、协商角色、协调道具使用等。

当然，教师也可以通过运用丰富的语言、朗读高质量的图书等，来支持幼儿的语言发展。除了与全班幼儿一起阅读，教师还要创造机会与幼儿小组一起阅读。幼儿小组通常有3~6名幼儿，特别适合展开对话。教师可以与幼儿一起谈论故事，请幼儿复述或表演故事，鼓励他们做出评论（如果可能，可以对观点进行评论，教师也应该在全班活动中进行类似的讨论）。

有效的幼儿园课程应该适应幼儿的发展水平、文化和语言。因此，教师需要尽可能多地了解幼儿及其家庭以及他们所处的文化和语言社区。家园联系很重要，教师和家长可以彼此学习如何更好地满足幼儿的需要。教师应该不断探索，努力将社区与班级、将幼儿在园外获得的经验与其在园内的学习经验建立联系。

第二，促进早期读写兴趣与技能。除了口头语言的发展，有效的读写课程还包括其他核心要素。一个基础目标是为幼儿提供有意义的、有趣的、令人满意的读写经验。在一个支持读写的环境中，幼儿会喜欢读书和听别人讲故事，他们会看到阅读和数学能帮助人们做很多有用且有趣的事情。教师应精心挑选图书，图书中应有反映幼儿所处文化的故事书和工具书，教师也应采用多种方式与幼儿分享阅读图书。教师应与个别幼儿、小组和全班一起阅读，通过绘声绘色地阅读、吸引幼儿主动参与（如让幼儿预测接下来会发生什么）等方式丰富幼儿的阅读经验，培养幼儿的阅读兴趣，让幼儿成长为快乐的阅读者。

阅读成就的另一个有力预测指标是音韵意识，即对口头语言的声音的感知识别——首音和韵律、押韵和其他相似的声音，在最高水平上是音节和音素（在交流中区分单词的最小语音单位）。大多数幼儿不会自动获得音韵意识，而是在教师有目的的引导和支持下获得这种意识。教师可以引导幼儿参与多种活动来发展他们的语音意识。教师可以带领幼儿玩韵律游戏、唱歌曲和儿歌、玩手指游戏、按小朋友名字的音节拍手。教师可以给幼儿读专门的语言韵律书和含有头韵和节奏等语言模式的图书，幼儿非常喜欢这类图书，并能获得音韵意识。让幼儿自己发现语言节奏、头韵或其他变式，也能增强幼儿的音韵意识。

教师在帮助幼儿学习书面语言时，应引导幼儿理解文字有多种功能和用途，认识环境中的文字，知道文字要按从左到右、从上到下的顺序书写。在环境中有目的、有意义地运用文字，如购物清单、签字表、物品摆放位置的标记，以及幼儿积累这种有目的地运用文字的相关经验，都有助于幼儿理解文字。支持读写的班级除了在环境中呈现文字符号，还会在游戏区中创设图书区和书写角、展示幼儿的书写作品、提供与主题相关的读写支持物（如菜单、点菜簿、签字本等）。观察有目的地使用文字、以多种方式使用文字是幼儿园读写学习的重要内容。

（三）促进社会性和情感发展的教学

幼儿的社会性、情绪和情感发展非常重要，不能放任自流，任其发展。当教师有目的地促进幼儿积极的社会性、情绪和情感发展时，也是在促进幼儿的全面发展与学习。好的教学能够决定幼儿在进入学前班时是一个自信的、快乐的学习者（即能合作开展游戏和工作、管理情绪、应对压力），还是一个缺乏这些基本能力的个体（这些能力会影响未来的成功）。教师对幼儿社会性和情感能力的最重要影响在于与每个幼儿建立个人的、具有回应性和支持性的人际关系。

在幼儿园阶段，这种关系能够给幼儿带来安全感，使他们形成积极的学习品质、建立与同伴的积极关系、获得更强的情感能力，这对所有年龄的幼儿都很重要。教师应该通过在日常生活中了解和尊重作为个体和文化群体成员的幼儿，与每个幼儿建立个人的、具有回应性和支持性的人际关系。教师应更好地满足幼儿被他人理解的需要，吸引幼儿参与符合其发展和个体特点的活动。具体而言，教师可以帮助幼儿认识自己；他们可以更多地了解幼儿及其家庭。教师通过个体化的、具有文化适宜性的沟通和交流来建立积极的关系。即使与幼儿只交流几分钟，耐心地倾听、诚挚地询问幼儿感兴趣的事情，也将对教师、幼儿和家长产生巨大的积极影响。

教师需要关注的另一个重点是促进幼儿积极学习品质的形成。在这里关系仍然是核心，教师与幼儿建立积极的关系、允许幼儿探索和学习，就为幼儿积极学习品质的形成提供了支持。课程、班级环境和教学方法要激发幼儿的学习热情和主动参与，必须提供能够吸引幼儿参与的有意义的活动和充分的以幼儿为中心的学习时间。教师应更多地组织小组活动，小组活动似乎能激发幼儿更好地参与。教师应帮助幼儿专注于"学习目标"，而非只是将幼儿的任务表现与同伴相比较。教师可以帮助家长了解如何促进幼儿的学习动机、支持幼儿参与学习——不只是依赖外部奖励，而是肯定幼儿的努力。成人自己表现出好奇心和坚持性，为幼儿树立终身学习的榜样和示范。在"以家庭为中心"的机构中，教师应该基于相互尊重的原则，与家长就幼儿的学习品质展开沟通，宣传册、布告栏、家庭会议、家访等都有助于实现这一目标。

第一，促进社会性发展。教师还可以做一些具体的事情来支持幼儿的社会性发展。"充满关爱的学习者共同体"不是自然而然发生的，而是在幼儿入园第一天就开始有目的地营造的（甚至在幼儿入园前就已开始，比如通过寄给家长照片、家访及其他联系方式）。幼儿将他们的教师视为榜样。教师期望幼儿做的，自己首先应当身体力行。例如，教师期望幼儿使用充满关爱和尊重的语言，他们自己就应当首先这样做（例如，"谢谢大家帮忙打扫户外场地。让我们坐下来，看看我们一起做了哪些事情吧！"）。在小组和集体讨论时，教师可以请所有幼儿一起参加，以他们自己的方式来交流他们的想法。共同参与的常规活动（如"每周五我们都在我们的班级图书中增加一页内容"），有助于幼儿形成归属感和集体感。班级项目、班级会议、幼儿要一起合作完成的"大任务"，这些都有助于形成重要的"我们"的认同。

如果没有充足的时间和机会与他人互动，那么幼儿的社会性能力就不会得到较好发展。这要求教师合理规划一日生活，确保幼儿有较长的时间与同伴一起游戏和工作。这类活动时间不应当变成那些完成了安静活动任务的幼儿的奖励，而应当被看作支持所有幼儿发展的非常重要的时间投资。这类活动时间包括假想（社会性角色扮演）游戏、项目活动或其他小组活动时间。

幼儿在维持社会关系和解决冲突方面仍有困难，教师不能只是规划出"社交时间"，然后就听之任之。与其他发展领域一样，教师关注和支架幼儿的社会互动对这个领域的发展也至关重要。例如，教师可以帮助幼儿计划他们玩什么、他们和朋友要扮演什么角色、如何维持和提升游戏水平。教师需要帮助年幼的、内向的、缺乏社会交往能力的幼儿加入同伴的游戏。在这样的互动中，教师也可以帮助幼儿理解和解释其他幼儿的目的，防止出现"敌意归因"。

当冲突发生时，教师可以支持幼儿学习解决冲突而非越俎代庖，可以向幼儿示范、与幼儿讨论如何以积极的方式来解决问题。成人应有目的地教授幼儿学习社会性问题解决技能，既可以将其渗透在日常生活活动中，也可以采用已经被证明有效的课程方案来进行。例如，促进可选择性思维策略课程或注意力训练课程等。这些方案或类似的方案有助于教师促进幼儿的积极社会行为，减少幼儿的问题行为，支持幼儿自我调控能力的发展。

当教师能够身体力行，向幼儿示范如何帮助他人、如何表达关心和爱护时，就是在鼓励幼儿的亲社会行为。教师也可以引导幼儿关注其他幼儿的消极情绪或需要。教师的工作重点必须是有效地预防、解决（当预防不奏效时）幼儿的攻击、欺凌和其他问题行为，与此同时要增强幼儿的社会性和情感能力。

所有幼儿——无论是否有问题行为，都需要成人的帮助来发展积极的自我概念。当一个孩子已经被同伴认为"小气"时，这个任务变得有点难。教师可以帮助幼儿认识并珍视自己及同伴的独特能力和特征。在这个过程中，教师必须意识到一些家庭和文化强调作为群体成员的能力而非强调个体成就。

第二，促进情绪和情感发展。幼儿园教师可以通过与每个幼儿建立具有支持性和回应性的、可预测的关系来为幼儿提供关键的安全情感基础。能够支持积极的学习品质或社会性能力的环境和课程，同样能够促进幼儿情感能力的发展。这种环境和课程强调可预测性、接纳和回应。重视情感教育的教师会运用他们的声音、面部表情和手势等，有目的地吸引幼儿参与情感交流。微笑、注视和接触有助于幼儿获得情感上的安全感，这些行为也符合幼儿家庭和文化的规范。教师也可以帮助幼儿用合适的词汇表达情绪和情感，以适当的方式理解和表达自己——交谈、绘画、角色游戏等。如果某些情感课程和社会技能培训项目已被证实有效，教师也可以使用这些课程和项目提供的资源。

道德感发展是情感发展的另一个维度，教师对幼儿道德感的发展也有显著的影响。虽然家庭是影响幼儿道德感发展的最重要因素，但是，教师可以通过与幼儿讨论情绪和情感、价值观、行为及其后果等方式来促进幼儿的发展。日常生活充满了教育契机。教师可以与幼儿讨论，帮助幼儿思考行为的后果，而非对幼儿的违规行为施加严厉的纪律约束。召开班级会议、开展即兴讨论、精选幼儿图书、创设体现尊重与公正的班级环境等，均有助于所有幼儿在这一领域的发展。教师应该牢记，幼儿个体的气质类型与理解水平，影响他们对成人引导和纪律约束做出的反应。为了避免反应强烈或情绪沮丧的幼儿的抗拒，教师需要改变策略，可以通过提出建议和理性讨论的方式，温柔地对他们加以引导。在帮助幼儿发展应对压力的能力时，教师的首要责任是保护幼儿免受压力带来的长期伤害。在某些情境下，教师需要寻求外部帮助或者报告可能存在的虐待。教师要帮助幼儿发展应对技能和复原力来面对各种压力情境。建立亲密的支持性关系仍然是最佳方式。尤其是当幼儿在家庭中与父母形成的关系性质不良时，教师与幼儿的关系有助于缓解压力的负面影响。

另外，教师可以帮助幼儿掌握一系列的压力应对策略和行为。例如，他们可以让内心恐惧的孩子画一画、写一写他们的恐惧。应对策略还包括角色游戏、从图书或教师那里寻找信息、讲出压力事件、寻求成人的安慰、学习冷静下来的办法、学习重构压力情境。幼儿无法自己掌握这些策略，成人的帮助是关键。

（四）促进认知发展的教学

一些人认为幼儿在学前教育阶段只需要拥有良好的身体成长，至于智力成长可以从后期教育中获得。实际上，幼儿在学前教育阶段对认知的培养，关系着幼儿今后学习能力的成长。如果幼儿在学前教育能够获得一定的认知能力，那么幼儿就能够快速地开启智力。随着幼儿智力逐渐提高，对知识和学习方面的渴望也会越来越强烈，这为激发幼儿的学习兴趣奠定了良好的基础。学前教育的教师需要对幼儿认知给予适当地关注和重视，大多数情况下幼儿在获得一些关注的时候，心理会发生一些变化，而当幼儿感知到教师对他们的重视之后，幼儿会在学习的领域投入更多的兴趣。在这个幼儿发育阶段，他们对周围的一切都非常敏感，且会通过各种行为做出自我保护，例如，哭闹、顽皮和沉默等行为。作为幼儿最密切的伙伴，教师需要先融入幼儿的日常活动中，然后适当地对幼儿开展教育活动。这可以避免幼儿对学前教育的逆反行为，同时还有益于教师培养幼儿的认知。

认知能力的培养是教育工作中的重要目标与教学方向。传统的教学体系中，认知能力培养的主要措施多数以灌输式的教学方式对幼儿进行教育，这种方式并不适宜幼儿教育工作，不仅无法达到提升幼儿认知水平的目的，甚至导致幼儿对学习逐渐缺乏兴趣和积极性。在游戏化教学理念的发展与深入作用下，幼儿教师运用趣味游戏的方式将认知教学内容教给幼儿，使幼儿在愉快的氛围中潜移默化地吸收并掌握相关知识，同时学会在日常活动中学习知识，这对于发展幼儿认知能力、强化幼儿认知水平起到较强的促进作用。例如，在幼儿语文词汇认知《机智的小鸭子》一课的教学中，其中以引导幼儿认识并理解"冲、抓、游、跺脚、扑通"等词汇为主要认知教学目标。在本课的教学过程中，教师即可运用游戏化教学策略对学生进行引导。首先，利用现代信息技术的优势为幼儿播放《数鸭子》的音乐律动，以此活跃课堂氛围，激发幼儿的学习兴趣，从而导入新课进行教学。继而提出与教学目标相关的问题，激发幼儿好奇心，引导幼儿带着疑问进入故事的阅读与学习中，从而帮助幼儿掌握本课学习中的重点词汇。另外，为增强教学趣味性，教师可以利用游戏的形式，将故事中的词汇突出，使幼儿根据词汇含义学习词汇与故事内容。因此，根据游戏化教育理念培养幼儿的认知能力，是非常有效的教学方案。

对于3~5岁幼儿要逐渐发展他们的心理表征能力、推理技能、分类能力、注意、记忆和其他认知能力。这些能力需要几年时间才能得到很好的发展，因为幼儿的大脑在很多重要方面还不成熟，他们使用新学到的技能和策略的经验还较少，所以要付出很大的心理努力来完成每个任务。只有经过大量的练习并得到充分的支持，这些技能才会变得更加自动化和轻松化。

支持可以是来自成人和其他幼儿的提示、提问、示范和其他形式的帮助。例如，当一个幼儿努力完成拼图任务时，教师不是直接向他展示如何放置某块拼图，而是说"它是什么颜色的？你看哪里有这样的颜色？"或者"你试着把这一块旋转一下"。这种类型的提问和建议能促进幼儿的理解和表现。在教师的帮助下，幼儿可以找到放置某块拼图的合适位置。教师继续采用这种方式来指导。当幼儿的技能有所改善时，教师就应当逐渐减少对幼儿的帮助，直到幼儿能够独立地完成任务。这种在幼儿成功完成任务前由教师（或更成熟的同伴）提供必要帮助的支持方式被称为"支架"。

确保为幼儿的持续游戏提供指导和充足的时间，是教师为幼儿的学习和智力发展提供的最重要支持。教师应认识到游戏对幼儿的注意、记忆、自我调控等认知发展的重要影响。幼儿尤其需要参加有目的的、具有想象性和扩展性的社会性角色扮演游戏以发展这些认知能力。在假想的情境中，幼儿需要彼此协商扮演不同的角色、讨论并演出某个场景，并以不同的方式使用各种道具。

教师应积极主动地促进幼儿的思维发展和概念掌握，包括适时提问以激发幼儿的反思或探索，向幼儿演示如何使用新工具或程序等。幼教工作者已经发现了很多能激发幼儿参与富有挑战和意义的任务的方式和方法。例如，鼓励幼儿计划和回顾他们的工作，用言语、绘画、媒介或其他方式来表征他们的理解。幼儿会自发地关注特殊物品或事件，如很大的声音、颜色明亮的物体等。要让他们有意识地关注事物的某个方面，教师需要提供具体的支架，非一般性的要求（如"请集中注意力！"或"认真听！"），对幼儿集中注意力来说，这类要求没有提供有用的信息。幼儿不明白什么是应该特别关注的。具体的要求或提问（"哪两个是一样的？"），为幼儿提供了充分的支持，使他们能够完成任务。

当有机会尝试新想法和技能、追寻自己的兴趣爱好（尤其是通过角色游戏）时，幼儿的注意力能得到很大的发展进步。关于幼儿的认知发展，已有研究提出了一个重要结论：幼儿的认知能力有其特定的年龄局限性，但他们也有巨大的学习能力，他们的思考、推理、记忆、问题解决能力常常被低估。

1. 数学教学

有效的幼儿园数学课程和教学应该能够吸引幼儿参与、与幼儿的发展水平相匹配、侧重于幼儿后续数学学习所需的重要数学概念和能力。教师也需要帮助幼儿在不同的数学主题之间建立联系，这既有利于幼儿理解每个领域的概念，也有助于他们把数学看作有内部联系的体系。大部分优秀的数学活动也可以发展幼儿的语言和词汇。例如，教师可以让穿红色衣服的幼儿先去拿外套，然后再让穿蓝色衣服的幼儿去拿外套等。将数学与读写等其他学习领域联系在一起，能够增强两个领域的学习。为促进幼儿的数学技能，教师可以：第一，创造学习环境，确保幼儿"经常与有趣的数学相遇"。第二，与幼儿一起探索，观察他们说了什么、做了什么。第三，回答幼儿提出的问题，并向幼儿提出有趣的问题和想法，鼓励幼儿思考。第四，在日常情境中引入数学语言，向幼儿示范数学交流和探索。

幼儿需要学习数学概念和关系才能成为数学思考者。同样重要的是，他们需要学习基础但非常必要的问题解决和推理能力。例如，幼儿需要认识到可以有许多不同的途径或方式来解决同一个问题。当幼儿在教室或家里遇到数学问题时，教师不仅要鼓励他们解决问题，还要鼓励他们与同伴分享自己的思考。教师支持幼儿数学思维和学习的一个最重要的方法，就是用数学语言（如多、少、比、最高）与幼儿讨论数学问题、模式和联系，倾听幼儿的想法。这种对话能够帮助幼儿思考自己正在做的事情，使自己的思维过程更加清晰；这还能丰富幼儿的数学词汇，帮助幼儿掌握数学推理和问题解决需要的词汇和句子。简言之，与幼儿的这种互动，可以帮助幼儿把所获得的经验和非正式的知识"数学化"。

幼儿会解决日常生活中的问题，但他们所做的通常是直觉的、冲动的，依赖于习惯或试误。进入学校后，幼儿会遇到更广泛的问题，而且很多问题的解决都需要细致思考和系统探索。但是，这种以系统的、有逻辑的方式解决问题所需要的技能和认知结构，在幼儿的身上还没有得到很好的发展。教师可以创设学习环境，鼓励幼儿自由尝试、探寻问题的答案，增强幼儿问题解决的品质与能力。教师评论幼儿正在做的事情或者询问幼儿为什么和如何做等问题，可以增强幼儿对自己的推理和问题解决策略的意识。

在高质量的学习环境中，幼儿会逐渐成长为坚持的、灵活的、熟练的问题解决者——他们学习享受解决问题的过程。

2. 科学教学

面向幼儿的高质量科学课程应该以关于幼儿如何学习、能够学习什么、何谓适宜的科学内容的认识为基础。在这种课程中，科学是班级活动的有机组成部分，可以支持幼儿的全面发展。一位成熟的教师会从精心设计的环境、清晰的目标、幼儿的兴趣、问题和游戏出发构建优秀的科学课程。科学不只局限在科学桌上，或仅仅关注学习事实性知识。没有直接经验支持的主题，如研究狗熊或企鹅，很难形成优秀的项目。

第二节　幼儿园教学活动的设计创新

一、幼儿园活动设计的影响因素

（一）幼儿方面

从具体学习到抽象学习，任何一门课程的教学都涉及逻辑思维和抽象思维的培养，特别是幼儿时期的课程。对于处于特殊年龄阶段的幼儿来说，他们对事物的认识还处在理解事物的过程中。在幼儿抽象思维的形成期，幼儿教师应积极利用事物对象为幼儿进行演示和引导，使幼儿对事物对象有一个抽象的认识，进而在脑海中形成对事物的一种正确理解。在数字课上教幼儿识别数字时，教师可以把他们在现实生活中看到的东西拿出来，帮助幼儿对数字形成一定的理解。如果是学习数字"5"，就可以在幼儿面前放5个苹果。如果是学习数字"7"，就可以拿7根香蕉摆在幼儿面前，以这种形象的方式使幼儿形成对数字的抽象理解。从以自我为中心到理解他人，幼儿要经过一个特殊的学习过程，幼儿的客观意识相对较弱，仍处在发展中，大多数幼儿会把注意力集中在自己身上而忽视了其他人。当幼儿只关注自己时，他们将生活在自己独特的认知中，不能与其他幼儿形成有效的沟通。在幼儿园的教育活动中，教师给幼儿分发卡片，有些卡片的形状和颜色是一样的，有些卡片的形状和颜色是不同的。有一个按颜色分类的幼儿，当他看到其他幼儿按形状分类时，他认为其他幼儿错了。教师问幼儿自己是如何分类的，幼儿不能回答。由此可见，现阶段的幼儿无法描述自己分类的基础，也不能从其他幼儿的角度进行思考。当幼儿在思维意识上有越来越多的理解，思考的方式也越来越多时，幼儿才能主动站在他人的角度对问题进行新的理解，实现与他人的有效沟通。

（二）教师方面

幼儿教师的教学风格将对幼儿教育产生深远而有效的影响，因此必须保证专业知识过关。幼儿教师在设计教育教学活动时，应充分考虑到幼儿的个性和兴趣因素，使教学活动能更好地契合幼儿的基本要素，为幼儿创建一个健康的成长空间。在课堂教学中，要多注意观察幼儿的行为习惯，幼儿由于年龄特点，自我管理意识较差，在上课时仍然会随意乱动，这就要求教师能科学地观察发现问题，并在教学活动中能顺利纠正幼儿的不足之处。此时幼儿不仅可以学会必要的知识，而且可以养成良好的习惯和行为。为实现这一目标，幼儿教师还应不断提高自身的专业能力和水平，通过积极学习，有效改进教学过程中的方法。

切合幼儿的现有需要固然重要，但好的教师会更好地推进他们的未来发展。教师必须谨记所欲实现的目标以及幼儿作为一个整体及个体的区别，并相应地计划其学习经验，来促进幼儿的学习和发展。要想让学生在学习和发展方面有所进展，新的学习经验必须建基于幼儿的已有知识、他们所能够做到的事情，并且更要让幼儿接受适度的挑战，从而习得新的技能、能力和知识。当幼儿的技能或理解层次得到提升时，教师就要思考新的目标应该是什么。而这个循环应该继续下去，根据适合幼儿发展的方法推进他们的学习。明显地，这种高效率教学的出现并非偶然。适合幼儿发展教学的一个显著特点是教师是有意识的。优秀教师所做的任何事情都是有意识的，包括教室布置、课程规划、运用多样化的教学策略、评估幼儿的表现、与他们互动，以及与家长合作。有意识的教师的所有行动都经过深思熟虑，都有其目的，而且他们的教学会针对课程的预期目标而进行。

二、幼儿园教学活动设计创新的意义

第一，对于幼儿而言，正处于好动的发育阶段，而教学活动则可帮助其身心健康成长。在此前提下，运用教学活动首先可以保障幼儿学习的专注度和积极性，进而实现教育教学的目标。在此过程中幼儿的生理、心理、思想道德、创造性及个性成长都得到了有效的培养。在教学活动中，幼儿可以发现并体验日常生活难以遇到的过程，过程中一定程度需要模仿成人，因此丰富了其精神世界，可促进幼儿的成长发育。

第二，3~6岁的幼儿虽然生理和心理处于发育的基础阶段，但却对其未来长远的生活和学习产生直接的影响，由此可见，幼儿教学活动也需要与时俱进。现代社会无论是科技、经济、文化都处于快速更新和进步的时刻，幼儿的生活发生了根本性的改变，因此幼儿园教学活动则需要做出创新，满足现代社会下幼儿的成长所需，避免教学与幼儿产生距离感，最终令教学低效化。

三、幼儿园教学活动设计创新的内容

（一）教学活动目标设计创新

确定活动目标是进行幼儿园教学活动设计的第一步，也是极为关键的一步。

明确、适宜的活动目标是良好的幼儿园教学活动必不可少的要素。同时，活动目标对具体教学活动具有导向性和指引性，也是检验教学效果的重要依据。在生态学的理念下，幼儿园教学活动可以被视为一个小型生态系统，系统内各因子达成在结构与功能上的统一。根据人类发展生态学中的生态系统结构划分，可以看出任何生态系统都是具有界限和层次的，其作用的范围有限，因此，需要与周边的环境不断融合，组成体系更为庞大的系统。所以，幼儿园教学系统并非是封闭的，而是开放的；并非是单一的，而是全面的；并非是线性的，而是融合的。教师应以幼儿为主体，注重教学活动中目标与各项具体教学环节之间的联系，从而强调促进幼儿发展的"功能"。

1. 注重目标的全面性

教学活动的目标作为教学设计的第一步，更应该全面具体，统筹兼顾。目标的设计与确定并非易事，因为它不是对《纲要》中的领域目标进行简单的转换，而需要对幼儿的发展规律以及相应的教育内容进行深入研究，才有可能实现这种转化。因此，在具体制定合理且符合幼儿发展需要的活动目标之前，就需要研究幼儿发展、幼儿的社会生活以及对活动中的知识进行深入剖析，以保证目标设定的全面性。

第一，幼儿发展方面。幼儿园任何教学活动的最终目的都是要落实到幼儿的身心全面和谐发展上的，因此要以幼儿发展作为首要考虑因素。将幼儿的发展需要与兴趣放在首位，探索幼儿在认知、情感、社会化等方面的规律，总结其特点，从而更好地发挥目标的在幼儿发展上的指向性作用。

第二，幼儿社会生活方面。幼儿的生活环境并非只有幼儿园与家庭，他们也是社会的人，与社区、大的社会背景之间息息相关。社会化是幼儿成长的必经阶段，也是一个不断突破时空界限的过程。因此，目标的确立需符合幼儿的实际生活和社会化发展的需求，培养既符合社会需要，又积极、主动、快乐、自信的人。

第三，剖析活动中的知识。活动中蕴含着丰富的知识，能帮助幼儿丰富知识体系，还能够从活动中形成判断是非、美丑的标准，内化道德认识，以塑造幼儿行为。另外，教学目标不是教师随意确定的，而是从教材内容和幼儿学习的实际出发。因此，教师需要对活动中传达出的深刻内涵进行剖析，并且将其提取到目标之中，培养幼儿未来生活所需的能力。

2. 展现目标的开放性

教学活动在目标的设计上也应注重开放性，开放的目标设计理念能够让教学活动不再处于一个封闭的状态，从而具备了发展的无限可能性，这种发展的无限可能性也给教学活动的实施增添了一抹不确定性的色彩，幼儿的主体性就能够在这样的环境下得到充分的发挥，教师也能在幼儿的实际教学活动反馈中生成新的教学环节，从而改进教学活动以及充分满足幼儿的需要。因此，在教育活动目标的表述上，就要体现出目标的生成性特点，梳理好目标与活动内容之间的关系。即关注幼儿在教学活动中获得经验的过程和实现的结果，突出幼儿经验生长的内在需求，着重于对"实践"的追求。

3. 凸显目标的融合性

第一，目标维度的融合。目标维度的融合就是挖掘目标之间的内在联系，进行有机整合。融合性的教育目标能更加符合幼儿的身心发展特点和学习特点。虽然幼儿园的纲领性文件中把教育内容相对划分为五个领域，但这种划分只是对幼儿整体发展的相对划分，是成人对课程内容的标识，从而在教育目标的设计上不至于笼统、无序。相较于不符合他们的认知发展阶段分科课程，幼儿更需要新旧经验的融合，获取综合、整体性的知识。教学活动是整体性较强的活动，要与五大领域间的内容联系十分紧密，也要利于幼儿学习。

第二，重视幼儿的行为目标。行为目标的主要特点在于可观察性和可测量性，通过幼儿的行为来判断是否达到预期的结果。行为目标明确了幼儿行动的方向，有什么结果类型。目前，对于幼儿发展的评估，很大程度上都需要依赖对幼儿行为的观察。学前幼儿年龄偏小，其生理上的成长与变化有完备的身高、体重评价标准，而其心理发展水平受生理水平的制约，表现出其特有的心理发展特征。因此，幼儿的认知、情绪、人格等方面的发展，都具有一定的外显性，通过对幼儿外在行为的观察，就能基本了解和掌握幼儿的发展情况。教育最终目的还是要落实到实践的层面，幼儿园教学目标的设计也需要通过幼儿外在行为的发展来表述，从而明确通过活动促进了幼儿哪些能力的发展，幼儿在生活实践中产生了哪些变化。另外，在行为目标的表述时要注意分析幼儿的经验，分析活动的价值，明确活动要达成的目的，并用准确具体的语言加以概括。

总之，就目标取向而言，包含的内容有教育活动的基本价值和本质。设计幼儿园教育活动，所实现的目标应当有不同的价值取向。其中有一些目标取向比较常见，可大致分为三种，分别是行为目标、生成目标、表达性目标。行为目标有特定的表述对象，主要是幼儿特有的、可观察的行为，也就是幼儿在活动中会有的一些行为变化。在表述行为目标时，可借助两种行为主体，一种是站在教师的角度上提出教育主体行为的培养目标，具体是要通过教学活动实现对幼儿能力的培养。另一种是可以从幼儿的角度来表达，目标是幼儿要掌握哪些技能，学会哪些知识，发展哪些能力。通过对教学计划的分析，发现幼儿教师往往从幼儿的角度设计行为目标，还会经常使用精确的行为动词来表达幼儿在教学活动中应该取得的成就。比如在美术艺术欣赏活动中所确定的目标：

第一，幼儿能说出脸谱的颜色、风格和表情。

第二，欣赏戏剧脸谱，鉴赏脸谱鲜艳的色彩和夸张的形象。

第三，能表达自己对某一戏剧脸谱的喜爱之情。要知道行为目标不是越具体就越好，应良好平衡概括化和具体化，这样才能更好地指导教学活动的实施。事实上，实现教学目标的操作过程也有一定的困难，主要是因为幼儿在活动中是不断变化的，所以要考虑到幼儿各方面因素，并以此为依据，科学调整行为目标。生成目标是在活动过程中产生的，这一培养目标对幼儿教师提出了很高的要求。它是模糊的，也是不确定的，反映了幼儿成长丰富经验的一种内在要求，产生解决问题的过程，也是一种结果。因此，在活动设计中，教师很少设计生成性目标，通常是选择设计比较好的行为目标，以直接促进教学活动的发展。偶尔设计活动会提到"满足幼儿好奇心，激发学习欲望，促进与人合作"的内容，这只是生成性目标的体现，在教学过程中也缺乏实操性。

（二）教学活动内容设计创新

1. 贴近幼儿生活

以科学教育活动为例，幼儿教师展开教育活动内容设计，应对幼儿教师教育活动资源进行科学分析并选择合适的教学资源。生活在全球化、网络化和信息化时代的幼儿，在日常生活中，会接触到各种各样的科学内容，然而，在科学教育领域，有许多教学内容是稳定不变的，其中就包括对一年四季的认识，对化学现象、物理现象的认识，对幼儿生活的认识等。幼儿园科学教育活动的内容应具有启发性，除了要保证科学性以外，还应体现综合、地方、季节、时代和民族性的特点。科学教育活动的内容不仅要吸引幼儿的注意力，还要符合幼儿现有的科学经验水平，也应符合科学教育目标，确保贴近幼儿生活，能促进幼儿形成新的生活经验。教学活动的设计不仅要体现科学内容的丰富性、时代性，还应注重幼儿的学习需要，加强常识教育。为实现科学教育活动的目标，应选择合适的科学教育活动内容。实现科学教育目标是一个中间环节，能促进幼儿的未来发展。事实上，科学教育活动内容也是教师实施教学过程的一个重要依据。就内容选择的范围而言，涉及生态与环境、动物、植物、自然科学现象、现代科学技术。以生态与环境为例，所包含的具体内容有污染的表现、生态环境要素、生态环境关系与生态环境保护方法。

2. 关注幼儿发展需要

活动内容侧重于幼儿的学习状况和发展需要，教师所选择的活动内容应保证适当和富有创造性，抓住教学机会，体现教学活动内容的及时有效。比如活动内容是"转起来"，是幼儿在角色扮演中对"翻转"问题的一种冲突性思考，这样的活动内容激发幼儿在课堂上学习的兴趣和动机，能实现研究科学的目标，也能丰富幼儿的科学知识和经验；活动内容的设计是"哎呀，我'噗噗'啦"，这一教学活动的设计是以解决幼儿排便问题为重点，逐步提高幼儿的适应能力；活动内容是"找不一样"，有助于开发和提高幼儿的观察能力，也能提高新入园小朋友的有意注意力水平，为以后集体的生活和学习活动奠定基础。如果教师没有及时生成教学活动内容，就很可能会错失发展幼儿学习兴趣的机会，这会对教学效果产生不利影响。所以教师应根据教学目标的要求，设计教学活动，满足幼儿的学习和发展需要。

（三）教学活动方式设计创新

活动方式用来服务于不同的教学目的。在大多数幼儿园中，至少有集体活动、小组活动、活动区活动和日常生活活动四种学习方式，不同的教学目的教师需要使用不同的活动方式也可以组合进行。

1. 集体活动

集体活动的功能之一是经验分享，这包括一起唱歌、欢迎一位新同学，为给班里的物品命名而贡献想法等。集体活动还能为幼儿提供机会以练习一些重要的技能。例如，在集体活动中发言、倾听别人说话、恰当地回应问题或评论、合作工作，以及采用新的方法处理新信息。在小学阶段，这些技能以及集体活动会越来越重要。集体活动是幼儿开始学习这些技能的绝佳机会。与幼儿园教师相比，学前班和小学教师能更有效利用集体活动来向幼儿介绍新的概念或技能。随后，教师会采用个别化活动或小组活动的形式来帮助幼儿进一步应用新的知识或练习新的技能。关于集体活动的时长，没有硬性的规定。最重要的原则是要注意幼儿的表现，不要在他们开始失去兴趣后继续进行活动。如果孩子们变得焦躁不安，他们就不会从正在进行的集体活动中受益。这时候教师应当结束集体活动，并将其改成身体运动、小组活动或区域活动等。

2. 小组活动

与3~6名幼儿在一起工作，可以使教师为幼儿提供更有针对性的经验——

可以是介绍新的技能或概念，让孩子们参与解决问题，或者是应用已经学过的概念。在小组活动中，教师可以给予每个孩子更多的关注，并根据每个幼儿的发展水平提供支持和挑战。他可以提供支持和追问，注意每个孩子能做些什么以及在哪些方面有困难。小组活动的另一个重要益处是，它能让孩子们有机会与同龄人对话，以及合作解决问题。在幼儿园里，小组活动也可以发生在区域活动时段。例如，一个班级配备了两名教师。在开展区域活动时，一部分孩子可以和一名教师开展小组活动，另一部分孩子则在活动区里活动，由另一名教师照看并支持他们的活动。在小学阶段，当教师和一部分孩子开展小组活动时，其他孩子可以写日记、默读或结对阅读。

3. 区域活动

在幼儿园教室里的一部分空间通常会被划分为可供幼儿选择参与的活动区，教师可以创设积木区、角色游戏区、美工区和图书区等。还有一些活动区可以被独立设置，也可以不被独立设置，在这些区域里幼儿可以找到数学操作玩具和数学游戏、科学材料（可以包括沙区和水区）、书写用品。在一段相对较长的时间里，幼儿可以选择自己想做的事情，这对幼儿的学习和发展至关重要。在这段时间里，他们与伙伴一起玩，自主决定活动。这些时间包括户外游戏以及室内活动区的"选择时间"，但它们需要教师一定程度的支持和参与才能对幼儿产生最大的价值。教师对每个活动区里的材料和活动进行周密地思考和计划以实现教育目标是关键。对幼儿活动的观察能够指引教师与幼儿的现场互动，以及后续教育计划的制订。当幼儿参与各种各样的活动时，教师可以与他们交谈，为他们提供信息或反馈，扩展他们的思维和活动。在很大程度上，幼儿可以按照自己的想法和兴趣开展游戏，教师会适时参与其中，提供支持并与其互动。

4. 日常生活活动

许多有价值的学习机会发生在日常生活活动中，涉及入园和离园、整理、洗手、进餐和进食点心以及过渡环节。日常活动中教师应和教师互动，如在吃午饭时和孩子们聊他们在周末下雪时做了什么。在过渡环节中，教师可以选择唱一首有趣的韵律歌，以促进幼儿语音识别的发展。

（四）教学活动评估设计创新

如果课程是幼儿和教师迈向所期望的目标的道路，那么评估就是观察幼儿朝着目标前进的过程。深思熟虑地思考评估问题，对教学活动来说至关重要。因为评估能够监测幼儿的发展和学习；指引计划和决策；识别可能受益于特殊服务或支持的幼儿；向他人（包括家长在内）汇报和交流。

通过观察、交谈以及仔细分析活动来评估幼儿，是教师了解每个孩子及其能力和需要的关键。获取有关幼儿的有效信息面临以下实际情况的挑战：幼儿成长和变化迅速，发展不平衡，而且容易分心。有一个准则是，永远不要依赖单一的评估手段。观察、分析孩子的工作，临床访谈（一种与孩子交谈的方式，目的在于辨识孩子的想法或策略），单独使用评估，和孩子的家人交谈等，可能是有用的获取信息的方式。教师应当在不同的环境或情景下收集有关幼儿的信息。评估幼儿，需要注意以下问题：

第一，年龄适宜性——预测和应对可能影响评估方法有效性的幼儿的年龄或发展特点。

第二，个体适宜性——选择和调整评估方法以获得关于被评估幼儿的最佳信息。

第三，文化适宜性——考虑幼儿的语言和文化背景（例如，避免使用幼儿不理解的材料），同样要根据幼儿的社会和文化背景解释其行为（例如，不能因幼儿在测试情境中有限的言语回应，就做出其语言或智力发展不足的判断）。

评估信息是教师教学活动设计的重要依据。优秀的教师会利用自己的观察和收集到的其他信息，制订计划和开展教学活动，仔细考虑班级幼儿和个体幼儿所需要的学习经验。以对幼儿的探索、兴趣、所说所做的观察为依据，教师可以决定如何调整环境、材料或日常生活活动。教师可以根据每个孩子的准备状况决定活动的难易和复杂程度，后续设计可以包括重复学习以帮助幼儿巩固概念或技能。有效的设计还意味着考虑全班幼儿和个体幼儿下一步发展的可能性。

第三节　幼儿园教学活动的组织创新

一、教学活动组织游戏化

传统幼儿教育的过程中，课程与游戏是分开的，忽略了幼儿本身的发展需求，不利于幼儿教育质量的提升。课程游戏化理念，提高了对幼儿教师的要求，要能满足幼儿的身心发展需要。因此，在课程游戏化背景下有效组织幼儿活动，提高游戏化教学的质量，成为当前幼儿教育的重要任务。

（一）将一日活动与游戏相结合

一日活动皆课程，一日课程皆游戏，教师在一日活动中将游戏与课程紧密衔接，不仅能够提升一日活动的质量，还可以提高幼儿参与活动的积极性，让幼儿更加积极主动地参与其中，体验活动的乐趣。以晨圈活动为例，早上幼儿刚到园不久，部分慢热型的孩子不能很快转换到"上学"的状态，此时活动的目的，就是让孩子们以最好的状态融入班级，为一日活动的开展做好准备。晨圈活动从字面上理解就是教师在早上组织活动，让孩子们聚合成圈，然后开展活动，进行围圈唱歌跳舞、经典的丢手绢等游戏。晨圈活动中，教师可以选择的内容和素材是非常多的。考虑到孩子们刚刚起床没多久，身体还没有完全舒展开来，一些小朋友可能在来园的路上还在睡觉，教师可以在晨圈活动中组织幼儿开展一些相对舒缓、放松的游戏。例如，"表演四季"游戏，教师播放轻音乐，孩子们用肢体语言来表现出每个季节的特征。春天万物复苏，小草也从地底下探出头来，伸着懒腰，幼儿可以通过手臂向上的动作来表现。夏天，小动物们在树叶下躲雨，幼儿可以用双手举过头顶，交叉做成雨伞的动作来表达。配上轻音乐，幼儿围成圆圈，听老师指令，分别用不同的动作来表现不同季节的特点。这一晨圈活动能让幼儿通过简单的肢体动作感知季节的特征，用自己的身体语言表现事物的特点。

教师组织晨圈活动时还可以从幼儿当前能力的欠缺点入手，比如，部分孩子对左右方向感知能力较差，教师可以将训练幼儿的方向感与晨圈活动相结合。例如，让幼儿在"圆圈向右走"游戏中围成一个圆圈，跟着老师唱着歌谣左边走一走，然后变换方向右边走一走，通过肢体动作训练的方向感。对于一些还是分不清左右的幼儿，老师可以站在其旁边，用自己的肢体动作加语言，引导他们将左右方向和左右手对应起来，这比单纯用语言告诉孩子左手边是左、右手边是右，效果会更加明显，孩子们也能在不断练习中掌握左右。

（二）将区域活动与游戏相结合

区域活动与游戏结合也是非常重要的，幼儿园区域活动的类型多样，有建构、美工、益智、音乐、语言等类型，教师要结合不同年龄段幼儿的特征，选择不同的活动类型，让幼儿能在活动中锻炼不同的能力。教师在组织区域活动之前要制订活动目标，以中班美工区域活动的开展为例，教师可以从身体发育、认知提升以及情感培养等方面着手制订。例如，通过美工活动的开展能锻炼幼儿的精细动作，发展幼儿的手眼协调能力；通过美工活动提高幼儿的欣赏能力、绘画能力、手工操作能力等；通过美工活动培养幼儿参与团体活动的兴趣，提高幼儿多方面能力。以美术活动"折纸游戏"为例，折纸是幼儿非常感兴趣的活动之一，非常锻炼幼儿耐心、细心、专心等能力，幼儿可以在自主折纸、小组合作的过程中，将自己折的作品与其他小伙伴的作品连接起来。例如，在以"采蘑菇的小姑娘"为主题的折纸游戏中，教师将幼儿分为几个学习小组，每个小组6名幼儿，5名幼儿编织制作小花篮所需的部件，1名幼儿负责做蘑菇。教师先用多媒体课件播放制作小花篮的拆解步骤，然后深入每个小组进行指导。中班幼儿已经有了一定的动手能力，但是制作小花篮不仅需要幼儿有动手能力，还需要幼儿有一定的逻辑思维，能按照先后顺序完成每一个步骤，在课件辅助以及教师指导下，孩子们基本上能自主完成每个组成部件，然后将每个部件连接起来，通过粘、贴、插等细致的动作完成小花篮。最后各小组之间相互分享作品，教师可以引导幼儿讲一讲自己制作小花篮的有趣过程等。通过美工区域游戏活动的开展，越来越多的孩子对区域游戏有了更加深刻的认知，对美工等区域的游戏产生了更加浓厚的兴趣。

（三）将集体活动与游戏相结合

集体活动是幼儿园活动的重要组成部分，集体活动的开展能充分调动幼儿的活动意愿，有效培养幼儿的集体意识以及协作能力，对于幼儿的全面发展有着积极的影响。例如，幼儿体能比赛活动，因为每个班基本都会有一些体能不足的孩子，每次体能活动他们都跟不上整体的节奏，所以从小班开始，笔者每周都会组织幼儿进行一些体能比赛，并结合不同年龄段孩子的身心发育特征，安排不同的游戏内容，比如，小班幼儿的钻山洞、丢沙包、跳圈，中班幼儿的两人三足、过独木桥、跳绳，大班幼儿的拓展游戏等。这样在集体游戏中教师既能兼顾到每个年龄段幼儿的特性，又能锻炼幼儿相应的能力。再如中班的跳绳活动，跳绳有利于锻炼孩子的身体协调能力，同时也能锻炼孩子的毅力。笔者在组织孩子开展跳绳活动时，除了安排常规的跳短绳、跳长绳、双人摇等跳绳游戏之外，还为孩子们演示了花样跳绳，激发孩子参与跳绳游戏的积极性。在教授跳绳方法的过程中，笔者还从幼儿中选出了几名"小老师"，让他们将跳绳方法教给其他还没学会的小伙伴。

二、集体游戏活动混龄化

（一）环境创设

1. 规划合理的游戏区域

幼儿园混龄幼儿集体游戏活动开展的前提是科学、合理的集体活动环境创设，而环境创设是保证混龄幼儿集体游戏活动开展的基础。首先，幼儿教师要针对集体游戏环境的游戏区域进行划分，如草地区域、操场区域、沙地区域等环境要清楚分区。其次，针对实际展开的集体游戏内容确定适宜的混龄游戏场地，因地制宜，可以保证混龄幼儿集体游戏活动开展得有效、有序。例如，"勇攀高峰游戏区"要设定在草地区域环境，既能保证异龄幼儿在该区域活动的安全、可靠，又能切实为幼儿提供可以展开大幅度身体活动的游戏环境。为此，幼儿教师在此区域的游戏规划主要是设置"小山坡""铁索桥""安全双杠"等，让混龄幼儿在此完成"深山探险""夺宝奇兵"等活动。

2. 创设情境化的游戏环境

通过情境化的混龄幼儿集体游戏活动环境创设，可以激活幼儿的主动参与兴趣，让幼儿在故事情境中感受游戏情感。例如，幼儿教师在训练幼儿平衡性的"滴滴出行"混龄幼儿集体游戏活动中，用白灰颜色绘制"交通线"，可以让幼儿在交通出行的假设情境中，通过"交通警察""行人""司机"等身份优化自身游戏体验。还可以在实际的场景呈现中自由设置"服务区""红绿灯""加油站"等真实区域，让幼儿明确游戏属性的同时，合理代入"情境规则"，不会因是做游戏就忽视红绿灯对生命安全保证的现实意义，反而能在游戏过程中强化常识知识，达到寓学于乐的实际目的，既能学习常识，又能交往，一举两得。

3. 打造无声的环境语言

混龄幼儿集体游戏活动的开展，不仅要幼儿教师能灵活地划分游戏区域，在游戏区域中提供相应的游戏材料，做好生动的情境打造，还要有能支持不同年龄幼儿实际的游戏活动的无声环境语言，即要发挥环境资源自身的"无言之师"作用。具体就是：首先，幼儿教师可以在混龄幼儿集体游戏活动的环境创设上加入鲜明的颜色标注，用实际的颜色做代表，体现混龄活动的游戏规则。例如，通过渐变红色制作入区登记簿登记后的年龄段区分，每一个年龄段的幼儿有一个统一的集体游戏代表色。其次，用"任务卡""游戏书"等手工实物做游戏活动开展的指导渠道，帮助幼儿无声对话，完成有效的阅读引导。最后，在园区宣传栏制作"任务闯关打卡站"，让混龄幼儿可以自由参与游戏活动，做到无声环境语言教学，有效又有益。

（二）策略支持

1. 养成良性的混龄幼儿活动常规

混龄幼儿集体游戏活动在游戏组织形式上直接打破了参与幼儿的班级限制

与年龄限制，但为幼儿教师带来了一定程度的组织困难。因此，一个系统化、常规化的活动规则建立就十分有必要。要想有效做到让幼儿在混龄幼儿集体游戏活动中，每次参与都具备良好的规则意识，幼儿教师就不能使用强制化的手段，而是应该借助音乐、区域牌、示意图等将常规意识输出给幼儿。首先，幼儿教师组织混龄幼儿集体游戏活动时，实行班级负责制。其次，制定一个常态化的混龄幼儿集体游戏活动时间，有明确的"到时提醒"。例如，在"快乐大闯关"游戏中，幼儿教师不但可以利用沙地环境做好游戏材料的提前准备，还可以播放固定的游戏活动提示音，让幼儿在音乐引导下先互助热身，然后通过高处取物、大跳突击等环节异龄互动，提升幼儿的游戏热情。

2.制定科学的混龄活动方案

组织混龄幼儿集体游戏活动的关键是保证游戏安全，实现异龄合作。因此，幼儿教师在通过情境创设、环境创设、任务关卡设计、奖励设计等环节切实开展混龄幼儿集体游戏活动后，要强调混龄游戏的异龄"大带小"，让幼儿在实际的异龄互助中收获快乐，友好相处。例如，在"夺宝奇兵"混龄幼儿集体游戏活动中，以往幼儿一直处于平行游戏状态，每个幼儿自己玩自己的，但在混龄化形式中，可以以小组为单位。首先，幼儿教师将幼儿按照年龄搭配——结对，分发单人任务卡、双人任务卡。然后，幼儿以"我带你"模式闯关，闯关成功情况下，独立成功积分正常，合作成功积分翻倍，以此刺激幼儿合作，在良性的合作竞争意识下，基于结伴活动，展开每一环节的幼儿合作互动，培养幼儿协作意识。

第五章　新时期幼儿园管理

幼儿园作为幼儿活动场所，其管理是一项非常细致的工作。本章主要介绍新时期幼儿园管理，第一节为管理概述，第二节为幼儿园教学管理的发展路径，第三节为幼儿园安全管理的发展路径。

第一节　管理概述

一、幼儿园管理的概念

管理是一项系统性工程，涉及人、事、物等方方面面。只有充分合理地发挥各方面因素，才能使管理达到事半功倍的效果。幼儿园管理是指幼儿园的管理者和相关教育工作人员，合理利用资源，采取一系列措施达到幼儿教育目标的过程。我国于20世纪90年代开始实施现行有效的《幼儿园管理条例》中对幼儿园保教工作管理提出要求：幼儿园的基本活动形式要以游戏为主，不得进行违背幼儿教育规律的活动。《中共中央、国务院关于学前教育深化改革规范发展的若干意见》（以下简称《意见》）中指出坚持规范管理是学前教育发展的基本原则之一，提出幼儿园的管理应遵循幼儿身心发展的规律，实施科学保教政策。这些教育规章为幼儿园管理者提供了管理工作的总方向和总目标。

幼儿教育是基础教育的重要组成部分，提高幼儿教育质量是促进整个教育事业发展的关键。而科学有效地进行幼儿园管理有利于提高幼儿园的教育功能，激发幼儿教师的积极性，并使幼儿全面发展、健康成长。幼儿园管理主要包括对幼儿园保教工作、卫生保健工作、总务工作、保教队伍建设、幼儿园的家长工作等方面的管理。从文化管理的角度出发，幼儿园管理的两大任务分别为实现工作目标和促进组织成员的发展，前者即保障幼儿教育的质量，后者为帮助教职工实现自我价值。幼儿园管理是一个综合性的过程，幼儿园管理人员必须遵循教育方针和幼儿发展规律，运用科学管理手段，将人力物力等进行协调组织，调动各方面的积极性，优质高效地实现国家所规定的培养目标和幼儿园工作任务所进行的实践活动。学前教育管理中有三个重要的主体，即管理者、教师和幼儿，并且任意两者之间都存在一定的联系。幼儿园管理是个整体性系统，包括幼儿园目标管理、计划管理、教养业务管理、幼教科研管理、行政事务与规章制度管理、工作质量管理、教师队伍的建设与管理、园长自身建设与领导艺术及幼儿园评价。由此可知，不同角度对幼儿园管理的概念解读各不相同。

幼儿园是一个教育组织单元，涉及多种构成要素。幼儿园管理理论中包含三个核心要素——人（主体）、物（教育资源）、财（资金），三大利益相关者——幼儿园管理者、幼儿教师、家长。基于此，幼儿园管理理论是指，幼儿园管理者运用科学管理思想和人本管理思想，通过规章制度将幼儿园的各项工作和各类相关利益主体之间的利益需求去差别化，以求实现各利益主体之间良性平衡关系构建的综合性、复杂性动态管理过程。

著名教育家叶圣陶说过：教学有法，教无定法，贵在得法。所谓"有法"，是指不同学科的教学有一定规律可循；所谓"无定法"，是指在具体的教学中并不存在"放之四海而皆准"的固定不变的万能方法，一切都因人、因环境而定。幼儿园管理也是同样的道理。很多幼儿园除了正副园长之外，几乎没有什么专设的部门，园长们既要把握办园理念、发展方向的大事；更要管日常的小事，水管漏了、空调坏了等；还要管教研活动、家长开放日、节日庆典……管后勤、管教学、管队伍，管方方面面。作为一名园长，如何争取每一位教师的积极认同，如何最大限度地发挥教职工的积极性和创造力，推动幼儿园各项工作的高效落实，促进幼儿园的高质量发展，如何让幼儿园管理既有温度又有效能，既有深度又有高度，确实是一门技术，也是一门艺术。

二、幼儿园的管理理念

（一）以人为本

1. "以人为本"理念的内涵

在对幼儿园进行管理的众多因素中，人是最鲜活的，所以要做好幼儿园管理，势必要抓住"人"。"以人为本"的管理理念，既指对人的教育，也指对人的管理，是一项以人为主体、以人为核心的管理理念。"以人为本"的幼儿园管理实际上是以人为出发点，创造一切条件调动他们的积极性、主动性和创造性，从而实现优化幼儿园教育的目标，为社会输送优秀的教育管理人才和培养优秀的社会主义接班人。

2."以人为本"理念的特点

"以人为本"的管理理念具有开放性、自由性和互动性。首先,"以人为本"的管理理念具有开放性,它尊重的是人性化的教育方式。幼儿园幼儿思维具备行动直觉性,依靠动作和视觉思考,虽然独立性差,但是个性已经初步形成。幼儿教师在开展活动的过程中要保护幼儿的个性和习性,根据不同的个性和习性匹配适合的教育方式。其次,自由性是"以人为本"理念的又一特点。幼儿阶段是个人最崇尚天性自由的阶段。幼儿园教育不是为了限制幼儿的自由,而是为他们创造自由。"以人为本"的管理理念会遵循每个幼儿的自由天性的发展,不给他们的人性制造枷锁。再次,"以人为本"还是具有互动性的,这一点表现在幼儿的自我互动,与其他低龄幼儿的交际互动,与教师之间的师生互动,以及在玩耍时的游戏互动等,所有的互动都是在激发幼儿调动自己的感官,更好地认知这个世界,通过切身的体会和感受,获取真正有用的知识。

3.幼儿园管理中"以人为本"的意义

执行以人文本的幼儿园管理理念有非常重大的意义,它能从源头上拓宽幼儿园管理的可持续发展之路,而且还有助于幼儿园的幼儿教育管理和教师人才管理。

(1)鼓励幼儿的个性化教育

每个幼儿都是独一无二的个体,具有独特的个性。幼儿园的教育不应只停留在表面,还要深入发掘幼儿的个性教育,从传统理念转移到"以幼儿为本"的理念。在执行上以个性化教育为主,以保护幼儿安全、关注幼儿衣食住行为辅。幼儿教师还要针对不同个性、性格的幼儿进行方式各异的教育,挖掘每个幼儿的潜在天分。

(2)促进幼儿的自信心培养

幼儿园教育对每个幼儿的成长至关重要,也对培养每个幼儿自信心有着不可否认的作用。"以幼儿为本"的教育管理理念强调对幼儿基本素质的培养,尤其关注幼儿的自信心培养,通过给予幼儿充分的尊重和关爱的方式,鼓励幼儿形成独立的个性和对自身的信心,这对幼儿今后的成长和性格养成都有非常深远的影响。

(3)加强教师自身信念感

教师负责幼儿园教育与管理的大部分工作,职责重大。幼儿园如果缺乏正确的管理理念,在长期的工作当中,很容易让教师失去对自身岗位的信念。"以教师为本"是构建教师信念感的最佳方式,它给予教师身份足够的尊重,同时给予教师极度的信任，引导教师用强烈的信念感融入工作，从而带来更好的幼儿园教育和管理。

（4）促进教师人才培养

"以教师为本"的教育理念，实际上是在建立教师的培养体系，为幼儿园培养优秀的师资人才。"以教师为本"的教育理念打破了传统观念，不仅将幼儿当作幼儿园主体对象，也将教师列为幼儿园的主体对象之一，这样既可以激发幼儿园教师在工作上的积极性，又可以促进幼儿园的师资培养，减少幼儿园师资人员流失的情况。

（二）文化校园

1. 幼儿园文化的内涵

幼儿园文化本质上可以理解为群体行为方式的内涵和外显，它是对个体意识观念、行为方式的群体或者团体性整合呈现，或者说是个体的心理和行为在群体或者团体中相互冲突、碰撞、影响、互动、整合而成的产物。就现代组织管理而言，组织文化是组织的核心与灵魂，是组织全体成员认同、遵守、践行的价值观念、行为方式、制度规范等。从幼儿园的文化实践来看，幼儿园组织文化包括了精神文化、行为文化、制度文化和物质文化（环境等文化固化呈现）等四个子系统，也可以划分为管理文化和保教文化（其中包括课程文化）等两个重要的层面。从组织文化的层次来讲，制度也是文化的重要组成，精神文化、物质文化和行为文化的凝结物就是制度文化。

2. 幼儿园文化建设的本质

幼儿园文化是幼儿园管理效能至关重要的决定性因素，它发挥着引导、凝聚、激励、约束成员心理及行为的重要作用，既是组织及其成员发展的基础，也是组织最具特色的标签。在日常管理中，可以将"风气"作为对幼儿园文化最直接的认识，而对"风气"好坏的判断则是对组织文化的直观认知。

幼儿园文化建设本质上就是要从立德树人的根本任务出发，在对幼儿园文化现状进行科学诊断的基础上，对幼儿园的精神、行为、制度和物质四个文化子系统进行全面引导、纠偏、优化和升级，从而形成更符合组织和个人发展需要的全新文化系统。因此，幼儿园文化建设的本质在于文化的变革，就是要从促进幼儿园发展的根本目标出发，优化、再造、提升原有的组织文化各方面的样态，让幼儿园的核心价值、行为方式、制度规范、物质环境更适应于幼儿园的发展需要，让幼儿园管理建立在个人目标与组织目标一致的基础上，以文化的认同来代替单纯的制度管理，以自我管理来代替传统的过程性、指令性管理，从而对幼儿园计划、组织、指挥、控制、协调等各个管理子系统产生颠覆性的改变，即以文化的变革推动管理的变革，推动幼儿园的革新与精进。

幼儿园文化建设是幼儿园综合改革的核心组成。《礼记·大传》里说，"立权度量，考文章，改正朔，易服色，殊徽号，异器械，别衣服，此其所得与民变革者也"，充分说明组织变革或社会变革的核心在于文化的变革，在于对个体的心理和行为的强有力的调整性引导。这种指导、引导和规范的作用，则是制度化管理得以实现的必要前提。

三、幼儿园管理的内容

（一）校园管理

园长是幼儿园的决策者，要有把握方向、纵观全局的意识，坚持以正确的办园思想为指导，给幼儿园定好位，把握好发展方向。这就需要园长具有良好的专业素质，熟悉幼教工作的各种法律规章，自觉将党和国家最新的教育方针、政策作为办园的指导思想，了解幼儿教育的发展趋势。如今，保教并重是幼儿园发展的趋势，园长要着眼于长远发展，坚持保教并重，全面提高幼儿素质。

1. 不断完善各种规章制度

园长要有全局意识，建立切实可行的管理规章。在教职工管理过程中，要强化他们的制度观念和意识，在幼儿园内部形成按制度办事、靠制度管理的机制。园长要发挥示范引领作用，先抓好有方向性的大事，再细化各种制度。同时，园长还要结合园内实际情况制订工作计划，对计划的实施过程加强督促，若发现问题或出现偏差，要及时、妥善处理，再总结经验、吸取教训，逐渐规范管理方法，不断提升管理水平。

2. 不断增强幼儿园的凝聚力

园长要有威信，但园长的威信并不是强势的性格塑造的，而是建立在渊博的知识、丰富的技能、人格的魅力这些条件基础上的，通过自身不断努力造就的，这就需要园长具备扎实的幼教专业能力、多谋善断的决策能力和坦荡的胸襟。在管理过程中发挥示范引领作用，以人性化的手段影响人、以自身的人格魅力感染人，不断增强幼儿园的凝聚力。

3. 不断创新促进幼儿园发展

园长也应具备一定的创新意识。教育是面向未来、着眼发展的事业，而幼儿教育更是关系个人启蒙的阶段。如果只是墨守成规，幼儿园的发展只能停滞不前，只有创新，幼儿园才能在变化中求发展。因此，幼儿园应该以促进幼儿全面协调发展为教育创新的出发点，以园本教研为依托，在保教并重、促进发展的实践中不断探索创新，园长不能因循守旧，要思路开阔、着眼未来、长远发展。同时，园长还应及时关注最新教育信息，了解幼教发展新趋势，学习新事物，为增强创新意识和管理效果打好基础。

（二）幼儿管理

1. 了解有关幼儿发展及学习的知识

发展学习的知识是指各年龄阶段幼儿的特征，这方面的知识可让管理者预测哪些经验最能促进幼儿的学习及发展。对幼儿发展及学习有深入认识的管理者，往往能够对以下几方面做出概括的预测：某一年龄组群的幼儿一般会是怎样的，他们一般能够做到什么、没有能力做什么，哪些策略及取向最能促进他们的最佳学习及发展。管理者具备这种知识，便能够较有信心地对环境的安排、教材、互动方法和活动做出初步决策。与此同时，这方面的知识亦可以使管理者知道某些组群的学生以及任何组群内的个别学生，在某些方面是相同的，但在另一些方面是不同的。

2. 了解每个幼儿作为个体的知识

这方面知识是指幼儿教育工作者对每个幼儿的认识，这些知识会协助管理者做出最佳的调整，以响应个别幼儿的差异。要成为高效率的管理者，必须非常熟悉每个幼儿。管理者可以通过一系列的方法做到这一点，包括观察、面谈、检查学生的功课、对幼儿进行个别评估以及与家长交谈。从所收集到的数据和观点，管理者就可以做出计划及调整，尽力促进每个幼儿的发展和学习。其实，幼儿在发展上的差异是正常的，而个别幼儿在不同的范畴、学科、环境和时间上，也有不同的进展。此外，幼儿在其他许多方面也有差异，包括长处、兴趣和喜好、性格和学习取向，以至建基于过往经验的知识、技能和能力。幼儿也会有特别的学习需要，有时这些需要能被发现，有时却不能被发现。管理者在尝试优化幼儿对学校生活的适应及他们的学习时，需要考虑以下因素：幼儿是否处于贫穷或无家可归的情况；幼儿是否要经常搬家；幼儿是否遭逢其他的挑战。能够回应每个幼儿作为个体的需要，是实施适合幼儿发展实践的必要条件。

3. 了解幼儿居住的环境及文化背景

这方面是指塑造幼儿家庭及社区生活的价值观、期望以及行为和语言常规。

幼儿教育工作者必须致力于了解这些背景，才能确保课程或学校的学习经验对每个幼儿和家庭是有意义的、相关的及尊重这些环境差异的。当幼儿身处家庭以外的环境时，他们觉得什么是合理的、如何使用语言互动以及怎样经历自己不熟悉的世界，都会被其所熟悉的环境影响。管理者需要在幼儿的年龄及个体差异外，将这些环境因素加以考虑，然后塑造合适的学习环境。

（三）教师管理

幼儿教师是幼儿教育的主体，关系着幼儿的身心健康发展，以及幼儿园的高质量发展。因此，幼儿园要尊重教师，发掘他们的潜能，在管理中做到以人为本，增强教师的归属感、幸福感和获得感。

1. 尊重教师

教师需要对幼儿课程的开发和设置进行一定的创新，也就是说教师要从主导者转变为研究者。如果幼儿园的管理过于呆板，就会影响教师学习、研究的积极性和主动性。因此，幼儿园在管理过程中，既要体现规范、合理的特点，又要体现人性化的特点，充分理解教师及其劳动的特殊性，给教师充足的学习时间。

2. 了解教师

社会对幼儿教师提出了更高的要求，同时也增加了幼儿教师的压力，有的教师面对重重压力左右为难，甚至出现心理障碍。因此，幼儿园应充分考虑幼儿教师内心需求，了解幼儿教师的个性特点、兴趣爱好、专业技能等，在管理过程中最大限度地调动幼儿教师的工作积极性和主动性，让幼儿教师全身心地投入教学工作。

3. 发展教师

幼儿园要注重幼儿教师的专业化发展，为幼儿教师构建发展平台。第一，要通过各种有效措施，加大培训力度，提高现有教师的专业技能；第二，要注入新鲜"血液"，吸引更多的年轻教师加入幼教这个行业，为幼儿园质量的整体提高贡献自己的一份力量；第三，要在各幼儿园之间开展业务交流，积极推荐骨干教职工到高质量幼儿园进修、学习；第四，邀请幼教专家、学者来园举办讲座，开展业务指导，进一步提升幼儿教师的教学能力。

（四）教学管理

1. 营造良好的幼儿园教学环境

环境对人的影响是深远的、潜移默化的，孩子们是否拥有良好的学习和生活环境是幼儿园基础建设完善的标准，因此为孩子们营造一个温馨健康的学习环境是至关重要的。幼儿阶段的孩子们身心发展都处于萌芽时期，往往对身边环境的好坏没有形成一个正确的判断标准，此时必须保证孩子们处在一个健康的学习环境中，好的学习环境能对孩子的成长发挥积极的作用。首先，要注重室内学习生活环境，因为孩子们一天当中大多数时间是在教室中度过的，教师的教育教学活动也是在教室中进行的居多，所以在幼儿园教学管理时为师生创造一个良好的学习和工作环境是必不可少的。例如，可以将教室划分成不同的功能区，然后把各个功能区按照其功能装饰成不同的风格，如此，孩子们就可以在有限的空间内根据自己的兴趣参与自己喜欢的活动和游戏。其次，户外环境的建设也是不容忽视的。孩子们除了学习还必须经常锻炼身体，组织一些户外游戏，此时一定要保证活动器材和游戏教具的安全性，及时进行检查和维修。以免由于疏忽对孩子们造成不必要的伤害。

2. 加强考核机制的创新

幼儿园教学质量的提升离不开教学管理体制的完善，比如加强对教学活动的监督力度，不但要加强幼儿园内部监督管理机制，还要创新完善对幼儿教师考核制度，由此督促教师提升自己的教学管理能力，确保幼儿园的教育教学工作能够顺利地进行。与此同时，幼儿园的管理者、领导者必须不断学习更加先进的管理理念，在管理的方式方法上开拓创新，使教学管理模式符合当下时代的需求，形成达到幼儿教育的教学评估管理机制，充分地激发了幼儿教师在管理上的主动性。另外，幼儿园的教学管理水平也会受到幼儿教师在科研能力方面的影响，必须努力加强幼儿教师队伍的科研水平。例如，幼儿园可以依据具体情况合理组织相关的教学研讨会，幼儿教师能充分交流科研以及教学管理的经验，找出自己在教育教学当中存在的不足之处，最大程度上改善幼儿教师自身的教学方法、提高教学能力及教学管理水平。

3. 合理规划日常教学活动

幼儿园的存在为年幼单纯的孩子们提供了一个健康快乐的生活的场所，他们能够在此度过一个幸福的童年。因为幼儿园教育在孩子的成长过程中扮演着十分重要的角色，所以孩子们在幼儿园中的学习和生活状态必须受到极大的重视，在教学管理中不能忽视对孩子们成长状况的关心。一方面，必须时刻观察孩子们的身体健康状况，处在幼儿园阶段的孩子们往往没有照顾自己的意识。一旦身体出现状况或者感觉不舒服，通常不会向教师传达准确的消息，甚至延误治疗。为了避免这种情况的出现，教师在教学管理中必须时刻关注孩子们的健康状况。如果观察到孩子有异常的健康表现，教师一定要确保在第一时间告知其家长，协助家长及时对孩子进行就医治疗。在信息发达的当今时代，和身体健康状况一样值得被关注的还有心理健康状况。心理学家的研究表示，那些性格孤僻、无法融入集体的人通常在幼儿园阶段有过被孤立排挤的经历，这些经历对一个人的一生持续产生着消极的影响。所以说，幼儿园教师在教学管理过程中必须特别重视孩子们的心理健康状况，引导孩子在集体中与他人多交流，勇敢地表达自己的观点。教师要在这个方向上多做研究。比如一批刚刚入园的孩子们会因为与家长分离而焦虑情绪导致持续不断地哭闹，受到哭闹氛围的影响，班级里越来越多的孩子也会陆续加入到哭闹的队伍当中，怎样的措施才能够有效地解决这个难题？不同年龄的组合搭配可能是一个很好的尝试，相比较刚刚入园的小孩子们，年龄稍微大一点的孩子们已经完全适应了幼儿园的集体生活，他们能够帮助比自己年龄小的孩子尽快融入集体。这个过程本身也能教会大孩子树立责任意识，使其成为勇敢、热心、有担当的孩子。另一方面，必须为孩子创造一个轻松愉快的学习氛围。研究结果表明，处在轻松愉快学习环境的孩子们更喜欢参与到教师组织的集体活动。所以，在孩子们初入幼儿园的阶段，教师应该把主要精力放在营造教学氛围上，引导其参加一些与其年龄相适应的智力游戏和实践活动，尽量让孩子们感受到犹如家庭般的温馨。通过这种方式，教师的后续教学工作也能够更加顺利地开展。教师和孩子在这个过程中可以取得双赢。最终，要合理安排孩子们的各项活动，保证孩子们在室内外活动时的安全，提高幼儿园的教学管理质量。

（五）安全管理

近年来，幼儿园安全事故在不断增加。幼儿是幼儿园的教育对象，也是人数最多的管理主体，其重要性不言而喻。此外，幼儿年龄小，自主意识不强，自力能力较弱，不像成年人那样能够自如地表达自己内心想法，这给安全管理增加了较大难度。因此，幼儿园非常有必要在全园内进行安全意识强化教育，使安全意识深入人心，做到"人人讲安全、事事重安全、时时要安全"。

1. 安全责任意识落实到岗到人

以园长为主要责任人，成立安全领导小组，建立健全的安全管理制度，将安全责任落实到人，与各岗位或责任主体签订安全责任书。对幼儿园内、教学场所、活动场地、食堂等存在重要安全隐患的地方进行定期检查。对于安全隐患较大的户外活动场所、游戏设施，除了加强管理与维护之外，在使用期间还要安排专门人员看管，并提醒幼儿时刻注意安全，避免安全事故的发生。

2. 培养教师的安全责任意识

安全管理无小事，时刻都不能掉以轻心。在幼儿园管理中，建立安全管理规章制度和相应的机制显然是不够的，必须加大教职工的安全责任意识培养力度。据了解，在幼儿园发生的很多安全事故，除了幼儿自身因素外，事故背后还存在着教师安全意识薄弱、责任心不强等现象。因此，幼儿园应始终绷紧安全管理这根弦，采取多种途径、多种形式展开安全教育，定期组织全园教职工学习《幼儿园安全工作实施纲要》《安全应急预案》《消防知识》等涉及师生安全的规章制度和应急预案。学校还要结合本园实际情况，组织教职工提出整改方案，消除安全隐患。幼儿园管理是一项系统性工程，也是一门科学和艺术。幼儿园的发展既有外部环境的影响，又有内部组织的影响，涉及的因素很多。随着教育改革的不断深入，幼儿园也要不断创新管理思路，使管理工作走向科学化、系统化、规范化，从而促进幼儿园自身的高质量发展。

第二节 幼儿园教学管理的发展路径

一、以人为本管理教学

（一）以幼儿为本开展教学管理工作

1.尊重幼儿个性，培养幼儿兴趣

每个幼儿基于家庭成长环境和家庭教育方式的不同都会表现出不同的个性特点，因而教师在开展教学管理工作时需要充分尊重幼儿的这些个性特点，并在此基础上有效培养幼儿的兴趣爱好。众所周知，幼儿园教学管理工作的重点内容在于启发幼儿智力、培养幼儿兴趣以及发展幼儿能力，让幼儿更加健康茁壮成长。在这其中，幼儿的个性特点就是达成最终教学管理目标的最佳切入点。例如，某一幼儿具有活泼好动的个性特点，教师在开展教学管理工作时可以以游戏来引导其参与其中，并在游戏教学活动中具有针对性和目的性地锻炼幼儿身体素养和有效开发幼儿脑力思维。与此同时，不同幼儿的兴趣爱好也是不尽相同的，有些幼儿对画画感兴趣，有些幼儿对唱歌感兴趣。幼儿园需要做的就是在教学管理工作中充分契合幼儿的这些个性特点和兴趣爱好对幼儿加以鼓励，并积极采用科学有效的引导方式培养幼儿的这些兴趣爱好。兴趣是最好的老师，在兴趣的引领下幼儿可以将一件事情做到出乎意料的好，并显著表现出在这一方面的能力。

2.注重环境构建，触发环境影响

幼儿往往是透过环境来认知世界的，环境对于幼儿的成长影响非常大。在良好的环境中幼儿将养成良好的行为习惯和品质。为此，幼儿园在开展教学管理时需要高度重视良好环境的构建，充分利用并发挥良好环境对幼儿的积极影响。例如，在构建教室环境的时候，需要充分契合幼儿认知特点以及教育培养目标，将教室的墙壁画上一些精彩生动且富有内涵的图画故事，以此让幼儿更好地认识知识。再如，在构建寝室环境的时候，需要营造出一种温馨和谐的氛围，同时保持柔和的光线和安静的环境，以此让幼儿可以更好地入睡。而除了良好的硬件环境以外，良好的软件环境也是至关重要的，如人员素养环境等。在幼儿园教学管理工作中，教师以及相关管理人员需要为幼儿构建出一个讲文明、讲礼貌以及团结友爱、互帮互助的人文环境氛围。如此，通过大的环境以及细小的言行举止来影响和感染幼儿，可以让幼儿养成良好的行为习惯和良好的品质素养，进而促使幼儿成长为一个高素养的人。

3. 关心爱护幼儿，运用多元化教学手段

为了帮助幼儿更加健康茁壮成长，幼儿教师以及幼儿园管理者在开展教学管理工作时，需要给予幼儿更多的关心和爱护，同时采用多元化的教学手段进行针对性地培养。首先，幼儿教师在教学过程中需充分关注每一位幼儿的行为举止和心理变化。一旦幼儿有任何异常行为和异常心理，教师都需要第一时间用温和的语气、亲切的态度与幼儿沟通，通过沟通了解幼儿想法，并在此基础上加以科学有效地引导。除此之外，幼儿教师还需要在日常教学过程的各个细节中关心爱护幼儿，以更适合幼儿学习的方法开展教学，积极与幼儿家长进行沟通来了解幼儿，并通过家园合作来更好地引导幼儿发展。其次，教师也要充分契合幼儿身心特点，以及充分契合素质教学改革的相关要求来创新教学手段，以多元化的教学手段对幼儿进行针对性地培养。例如，幼儿普遍都爱玩游戏，教师就可以以游戏教学的方式来开展课堂，在游戏中融入教学内容，同时在游戏中融入各类新颖事物，以此有效激发幼儿兴趣，让幼儿在游戏的积极参与中学习知识并锻炼能力。除了游戏教学法以外，教师还可以通过实践教学法、情境教学法等锻炼和培养幼儿的能力。

（二）以教师为本践行以人为本管理

教师作为幼儿成长道路上最为重要的引导者，其教学素养的高低在很大程度上影响着幼儿的学习质量。为此，幼儿园在开展教学管理工作时同样需要高度重视教师的主体地位，充分做到以教师为本来践行以人为本管理，具体需要从以下两个方面来践行。

1. 注重教师素养培育

注重教师素养培养需要从以下两个方面来加以落实。首先，就是注重提升幼儿教师的专业素养，在这一方面的工作中，幼儿园需要加强对教师的培训，通过构建完善的教师培训机制来促进教师专业素养的提升。例如，幼儿园可以定期组织教师到一些高校或专业机构进行培训，或者是邀请一些幼儿教育专家来园开展培训工作。除此之外，幼儿园在进行教师招聘的过程中需要以高薪聘请一些素养更高的青年教师。其次，就是注重幼儿教师的工作态度培养，在这一方面的工作中，幼儿园需要通过完善教师考评机制和完善教师思想教育来促进教师工作态度和责任意识的提升。以此，通过多方面的努力才能够打造出一支专业素质过硬、工作态度良好的教师队伍。

2. 创设良好的工作氛围

良好工作氛围的创设有利于促进教师充满信心地投入到教学工作中。为此，幼儿园在开展教学管理工作时需要积极强化教师工作氛围的创设。首先，幼儿园领导需要给予教师更多的信任和关爱。在这一项工作中，幼儿园领导需要充分了解教师的个性、需求、特长和能力水平，将教师安排在合理的工作岗位上，同时也给予其足够的信任，让其动力满满地投入教学工作中。与此同时，还需要在教师遇到困难的时候及时给予帮助，让教师产生强烈的归属感。其次，在以教师为本的幼儿园教学管理工作中，幼儿园需要积极组织教师开展有趣、有意义的团建活动，并而通过团建活动的开展促进教师之间关系的融洽，从而为教师营造出一个团结友爱、互帮互助以及相互尊重的工作环境。

二、发挥优秀教师的模范作用

（一）以优秀教师引领教师专业成长

要在教师队伍中充分发挥优秀教师"领头羊"的作用，提升教师队伍的专业化水平。可以采取教师自荐和他荐相结合的方式，根据日常考评，从每一年龄段中选出一位师德优秀、事业心和责任心强、管理工作经验丰富、乐于奉献的有优秀教师担任组长。组长统一带领不同层次的教师互相帮扶、互相促进、共同进步。组长可以召集教师开展年段集体备课和研讨活动，带领教师进行思维碰撞，博采众长，形成优质的教学活动设计案例。每次教学研讨后，组长要及时归纳、总结，并将要点反馈给大家参考，带动老师们共同成长。

（二）以优秀教师督促科学高效管理

优秀教师作为组长可以作为年龄段教学管理的第一责任人，全面负责教师日常教学活动的研讨、实施、反馈、评价以及班级管理评估和教师考核等工作。在日常管理中，教学管理工作应侧重对年龄段整体工作的指导和监督，而淡化对年段教师个人的管理，将具体事务性工作下放。组长可以根据园级目标要求和工作方案自主安排本年龄段日常教学活动，进行年龄段学期教学活动计划的拟定、总结、反思、调整。对于日常教学中产生的问题，组长可以先召集年段教师群策群力商讨解决办法并报备，实在解决不了再请示教学管理者商讨具体解决方法。对幼儿园组织开展的大型活动，组长需认真领会活动主题并进行细化，制定适合本年龄段的具体方案，实现组长权、责的统一。组长可以让事务上传下达简洁明了，责任精准到人，有效地提高幼儿园教学管理的效率。

三、以科学的方法为指导

（一）创建充满关爱的学习者共同体

由于幼儿教育环境很可能是幼儿在家庭之外参与的第一个共同体，因此这些共同体的特征对其发展有非常重要的影响。幼儿所期待的接纳方式和他们对待其他人的方式在很大程度上是在幼儿教育环境中塑造的。在适合幼儿发展的实践中，教育工作者要创建并维持一个支持所有幼儿发展和学习的"学习者共同体"。该共同体的作用就是提供一个有利于幼儿发展和学习的生理、情感和认知环境。该共同体根植于成人和幼儿之间、幼儿之间、教师之间以及教师和家长之间的稳定、积极和相互关怀的关系。为彼此的学习而思索和贡献，是学习者共同体所有成员的责任。为了创建一个充满关爱的学习者共同体，教育工作者在幼儿从出生到小学阶段需要确保以下事项：

（1）共同体的每名成员都受到其他人的重视。通过观察和参与共同体，幼儿学习了解自我、世界以及如何同他人建立积极和建设性的关系。让每名幼儿都有可以贡献的独特长处、兴趣和观点。幼儿学习尊重和领会各种差异，并尊重每个个体。

（2）关系是贯彻于幼儿发展和学习过程中的重要一环。通过跟共同体其他成员的互动（包括成人和同龄人），幼儿建立起对周围世界的理解。共同游戏的机会、调查和项目的协作以及跟同龄人和成人的谈话，促进幼儿的发展和学习。

小组内的互动为幼儿提供了扩展思维、借鉴彼此理念和协作解决问题的环境。

（3）每名共同体成员需要尊重他人并对他人负责，其行为要有利于所有人的学习。

（4）教育工作者设计和维持能够保障学习者共同体健康和安全的物理环境，具体表现为支持幼儿在活动、感官刺激、新鲜空气、休息和营养等方面的生理需求。日常安排提供休息和活动的良好平衡。为各年龄的幼儿提供户外体验，包含跟自然世界互动的机会。

（5）教育工作者确保共同体成员感到心理安全，使整个环境气氛是积极的。

（二）开展促进发展和学习的教学

从出生起，幼儿与成人的关系和互动即成为发展和学习的关键决定因素。同时，幼儿也积极地建构对周围世界的理解。同样，他们从发起和管理自己的学习活动以及与同龄人互动中获益。适合幼儿发展的教育实践在成人主导和幼儿主导的活动之间提供了最佳平衡。"成人主导的活动主要根据教师的目标进行，但也受幼儿主动参与的影响，幼儿主导的活动主要根据幼儿的兴趣和活动进行，同时辅以教师的策略支持。"但无论学习活动是成人主导，还是幼儿主导，在适合幼儿发展的实践中教师都发挥着重要作用。他们通过提供每个幼儿所需的活动，负责激发、指导和支持学生的发展和学习。以下是幼儿从出生至小学阶段适合发展的教育实践。

（1）教师负责通过教学建立充满关爱的学习者共同体。

（2）教师将深入了解每个幼儿以及对幼儿生活最为关键的人员作为首要任务。

（3）教师负责了解项目的预期目标，以及为实现这些目标的课程设计方案。将课程贯彻在教学实践中，其方式既要满足幼儿整体的需要，又要适应个别的幼儿。这包括尊重幼儿以可预见的顺序和基于之前的经验与理解掌握具体概念、技巧和能力。

（4）教师规划能够有效实现综合课程的学习活动，使幼儿在各领域（生理、社交、情感和认知）和各学科（语言素养、数学、社会研究、科学、艺术、音乐、体育和健康）达成关键目标。

（5）教师规划环境、日程和日常活动，以促进每个幼儿的学习和发展。

（6）教师拥有充足的技能和策略，能够借鉴并了解做出选择的方法和时机，以有效地促进每个幼儿当前的学习和发展。这些技能包括调整课程、活动和材料的能力，以确保所有幼儿都能完全参与。这些策略包括（但不限于）认可、鼓励、提供具体的反馈、示范、展示、增加挑战、给予提示或其他帮助、提供信息和给出指示。

（7）教师了解如何和何时对幼儿的学习提供"鹰架"，也就是说，为每个幼儿提供恰到好处的帮助，令其完成任务的技能水平刚好在自己独立完成的水平之上，然后随着幼儿开始掌握技能而减少协助，并为下一次的挑战做好准备。

（8）教师应了解如何和何时使用各种学习形式和环境最具策略性。

（9）当幼儿错失学业成功所需的一些学习机遇时，项目和教师为他们提供较其他同龄人时间更长、更丰富和更深入的学习活动。

（10）教师使课堂活动对所有幼儿开放并考虑其需求，涵盖语言学习者，有特殊需求或残疾者，生活在贫困、其他不利环境中或来自不同文化的幼儿。

（三）合理地评估幼儿的发展和学习

为了计划、实施课程并评价所提供课堂活动的有效性，评估幼儿的发展和学习对教师和项目至关重要。评估也是监测幼儿朝着项目的预定目标取得进步的工具。在适合幼儿发展的实践中，活动和评估是关联的，两者都服务于项目为幼儿设置的预期结果或目标。如果不清楚每个幼儿相对于学习目标所处的位置，教师无法有针对性地帮助幼儿取得进步。对幼儿进行有效评估比较困难，因为他们的发展和学习方式非常不均衡，并且处于所生活的特定文化和语言环境下。例如，有效评估需要考虑幼儿的语言熟练程度和发展阶段等因素。不可靠、无效、用于区分、跟踪或其他伤害幼儿的评估均不是适合幼儿发展的实践。以下是适合幼儿发展的有效评估策略：

（1）幼儿的进步和成就评估是不间断的、具备策略性和目的性的。评估的结果用于了解活动的规划和实施、跟幼儿的家长沟通以及评价和改善教师和项目的有效性。

（2）评估聚焦于幼儿朝着具有发展和教育意义的目标取得的进步。

（3）有现成的系统可以收集、分析和使用评估信息，以指导课堂的进展情况。教师利用该信息规划课程和学习活动以及与幼儿的即时沟通，也就是说，教师不断进行评估以改善教学和学习。

（4）评估方法要适合幼儿的发展状态和经历，教师认识到学习者之间的个体差异，允许幼儿以不同的方式展示其能力。因此，适合幼儿课堂评估的方法包括教师对幼儿的观察、临床面谈、幼儿作业样本及幼儿在真实活动中表现的收集。

（5）评估不仅考察幼儿能够独立完成的任务，还考虑他们能够借助于其他幼儿或成人的帮助而完成的任务。因此，教师在幼儿参与小组活动和其他提供支架式教育的情形下进行评估。

（6）除了教师的评估，家长的意见以及幼儿对其作业的自我评价也是项目整体评估策略的一部分。

（7）评估针对具体目的而设计，仅用于为该目的生成可靠和有效的信息。

（8）对幼儿产生重大影响的决定不能基于单个的发展评估，而是基于多个相关的信息来源，包括教师、家长和专家对幼儿的观察和互动。

（9）当筛选或其他评估确认幼儿可能存在特殊的学习或发展需求时，需要有适当的跟进措施、评估和转介。不能根据短暂的筛选或一次性评估而做出诊断或分类。家长应作为重要的信息来源。

（四）与家长建立互惠的关系

适合幼儿发展的实践应基于对幼儿的发展原则、项目中的特定幼儿和每个幼儿生活环境的深入了解。幼儿年龄越小，教育工作者就越需要通过与幼儿家长的关系获取上述具体信息。如果项目将"家长参与"限定在一些计划好的活动中，或者项目和家长的关系具有强烈的"家长教育"倾向，那么这种实践就不是适合幼儿发展的实践。如果教育工作者将自己视为拥有关于幼儿的全部了解和洞见的人而认为家长缺少这些了解，那么幼儿的父母在这种关系中就没有合作伙伴的感觉。这种态度没有充分体现教师和家长相互合作的复杂性，而这恰恰是良好实践的基本元素。以下是适合幼儿发展的关系类型，其中家长和教育工作者作为学习者共同体的成员共同协作：

（1）在教育工作者和家长相互促进的关系中，双方需要为实现共同的目标相互尊重、合作、分担责任和协调冲突。

（2）教育工作者应跟家长协作，建立和维持定期和频繁的双向沟通。

（3）应欢迎家长的参与，并且提供大量家长参与的机会。家长可以参加关于其孩子的护理和教育项目的决策。

（4）教师了解家长为幼儿进行的选择和设定的目标，并对他们的偏好和关心表示关注和尊重，但同时不能放弃教育工作者通过适合幼儿发展的实践来支持幼儿学习和发展的责任。

（5）教师和家长彼此分享对特定幼儿的了解以及对幼儿发展和教育的理解，并将其作为日常沟通和定期会谈的一部分。教师支持家长工作，最大程度的提升家长的决策能力。

（6）教育工作者将家长作为幼儿相关信息的来源之一，并使其参与对孩子的规划。基于确定的资源、重点和关注点，项目将家长和一系列的服务联系起来。

第三节 幼儿园安全管理的发展路径

一、健全幼儿安全教育制度

为加强对安全事件的防范和警惕，规范幼儿园的安全管理工作，需要健全幼儿安全教育制度。在幼儿园时期，幼儿大多为三岁到六岁，正处于对危险认知不敏感、无抵抗能力的人生发展阶段。在这种情况下，幼儿极易做一些危险举动，这不仅会危害幼儿的安全，造成不可磨灭的伤害，也会影响幼儿园的声誉。为了避免以上问题的发生，必须要及时对幼儿进行安全教育。为此，可以设置必要的安全教育课程，每周要抽出固定的时间进行安全教育。在教育过程中，通过演示或者安全类卡通播放等形式让幼儿了解到不当行为的危害，使他们树立起安全意识。在完成对幼儿的安全教育后，教师应布置课下安全作业，加深幼儿对安全的认知，使其远离危险，健康安全成长，并真正规范幼儿园安全管理工作。为确保幼儿园安全教育工作的顺利实施，园区应当完善幼儿安全监督与管理体系，对幼儿园安全教育进行定期管理。幼儿园应明确制定规范的管理措施，构建合理的监督体系，以此作为安全保障工作的基础。在此基础上，提出下述三点措施：

第一，定期在幼儿园内进行安全巡查，明确不同教师在幼儿园工作岗位中的责任与义务。在安全检查工作中，幼儿园园长为第一管理人，部门管理者为第二管理人，根据幼儿园内部的教学结构，不同的管理者分工不同。园长不仅负责管理幼儿的相关事务，同时也负责对下属管理人员相关工作的管理，使安全工作在园长的监督下进行，以提升幼儿园安全教育效果。

第二，定期对幼儿园相关娱乐设施进行安全检查，做好设备的消毒工作，营造卫生安全环境；检查幼儿是否携带尖锐的危险品，杜绝安全隐患；在进行日常安全管理时，对食堂采购、菜品清洗、三餐公示进行管理等；每日做好相关疾病预防工作，避免流行性感冒在园内发生。

第三，组织面向幼儿园教师队伍的培训工作，要求全体教师参与安全管理学习，在学习过程中使其树立正确的安全管理意识，并提升全园教师对安全教育工作的重视，从而完善幼儿安全监督工作内容，形成完善的幼儿园安全监督与管理体系。

二、教师加强对幼儿安全引导

在进行幼儿园安全教育时，教师应当加强安全引导，积极参与安全工作，不断推动幼儿园安全教育系统的更新和发展。在安全引导过程中，教师要主动肩负起完善幼儿园安全教育工作的责任，主动寻找目前幼儿园存在的安全问题并提出改进措施，还要积极在教育实践过程中探索出更具幼儿园特色的安全教育模式。另外，教师还需要根据不同幼儿的身心特点，开展安全引导工作，在引导过程中，利用视频讲解、真人演示等方式强化幼儿的自我保护意识，为幼儿创造良好的安全教育空间，实现幼儿安全引导工作有效发展和效果提升。在当下，幼儿很有可能面对父母上班在外，自己独自在家的局面，这就使得幼儿在家安全极为重要，为切实保证幼儿安全，教师可以开展"不跟陌生人走"主题活动，适当穿插安全引导内容。例如，可以播放轻信陌生人跟坏人走的后果的纪录片，并通过与其他老师或幼儿的配合，模拟陌生人敲门、超市中走失以及陌生人来接等多种情况下的正确和错误做法，让幼儿清晰了解到不能跟陌生人走。之后再设置幼儿讨论环节，让他们说出自己观看影片和情景模拟的感受和看法，教师要对幼儿的观点进行记录，找出幼儿安全教育的薄弱环节，在接下来有针对性地改进。同时，为了加深幼儿记忆，提升安全引导教育效果，教师还可以开展"有奖竞猜"游戏环节，不断提出与之前内容相关的安全问题，让幼儿迅速完整地说出自己的想法，回答正确的幼儿可以奖励一朵小红花等。

三、营造安全教育的环境

作为学前教育中的幼儿园教育，因为其教育对象——幼儿的特殊年龄和身心特点，意味着不可能在教育中只通过简单的说教就能够使幼儿树立安全意识，或者一劳永逸地解决潜在问题。幼儿园阶段的幼儿们受情绪影响非常明显，他们学习的过程更多的是模仿的过程，主动思维能力不够，更多的是带有直觉性。据此，意大利著名幼儿教育家蒙台梭利曾经说："幼儿的一切教育都必须遵循一个原则，即帮助幼儿身心自然的发展。"在此基础上，要根据幼儿身心发展的特点，重视环境对于幼儿成长中的影响，通过创建有一定主题的教育环境，实现对幼儿潜移默化的影响。所以在幼儿园开展幼儿安全教育时，要重视育人环境的营造，这样才能够潜移默化地培养幼儿的安全意识。据此，幼儿园可根据园内幼儿的特点，在幼儿园外部环境建设时把安全教育内容融入园内楼廊文化建设中；同时，在各个班级也要专门划出一部分区域设置成安全教育主题区域，把潜在的影响幼儿安全的问题张贴出来，以及如何做才能够规避危险确保安全，也要教给幼儿们，这对于幼儿来说实际上就是"隐性课程"，幼儿们每天都在看，这对幼儿们就是一种教育。幼儿教师也要利用好这些资源，对学生适时适度地去引导和强调。特别是当出现一些问题时，幼儿教师要利用好这些素材，形成常态化的安全教育机制，帮助幼儿们逐渐树立安全意识。

四、开展幼儿安全教育活动

为提升幼儿安全教育效果，还需要开展幼儿安全教育活动，增强幼儿自我保护能力。幼儿园应定期组织幼儿安全教育活动，如安全演练活动。安全教育与一般学科教育相比更加注重整体的联系性，因此在开展幼儿园安全教育时幼儿园应当充分考虑幼儿身心发展的特征和规律，以促进幼儿身心和谐发展为目标，开展一系列的安全教育活动。并且在设计和实施安全教育的过程中，应当从整体角度出发，更加全面地看待幼儿的安全教育问题，在活动中做好安全保护工作，确保幼儿在活动中的安全。而且可以与幼儿园安全息息相关的社会机构包括消防、公安和卫生等部门进行紧密合作，共同开展幼儿安全教育活动，以此有效促进幼儿园的安全教育。在此基础上，还需要以促进幼儿知识、情感和技能等方面作为目标，设置活动细节和情景。例如，厨房里的危险、交通危险、迷路怎么办？火灾发生怎么办？不跟陌生人走等，利用更加全面的情景模拟，帮助幼儿全方位地认识各种危险，并向幼儿讲授必要的安全保护方法，真正增强幼儿自我保护能力，为幼儿安全成长奠定必要的保障。

五、做好家校共育工作

由于幼儿接触环境较多，且幼儿园中幼儿数量较大，管理过程相对困难，这就使得幼儿安全教育不仅需要幼儿园内部教育，同时还需要家庭等外部条件的支持，从而通过家校共育为构建幼儿安全环境提供有力保障。为此，幼儿园可以鼓励家长参与到幼儿安全意识培养过程中，让家长在幼儿离园后第一时间检查幼儿对安全知识的掌握情况，并及时与幼儿园方面进行沟通，使幼儿园准确了解下一步安全教育应该着重注意的方面，设置教育内容。除了幼儿园进行安全教育外，家长也要纠正幼儿在生活中的危险行为，使幼儿意识到在生活中自我保护的重要性。同时，为实现幼儿安全教育，幼儿园会进行各类演练活动，在演练过程中很容易发生危险，而且教师无法对学生的管理做到面面俱到，因此需要幼儿园调动家长的积极性，在园内定期组织亲子娱乐活动，包括防火演习、突发事件安全演习等活动时，采取适当的沟通方式，使家长积极参与到演练活动中对幼儿安全进行保护，并在演练过程中，促使家长及时纠正幼儿的错误或不规范行为，帮助幼儿掌握正确的自我保护方法。通过这样的演练方式，可以有效增强家长的安全教育意识，实现家庭和幼儿园的协同教育。最后，教师是幼儿园安全教育的重要主体，同时也是安全教育的执行者，教师的观念将会直接影响教学行为，进而潜移默化中影响幼儿的行为。因此想要做好家校共育工作，幼儿园应该树立更加科学的安全教育观，积极提升教师素养，让教师更加积极地通过多种途径强化家庭与幼儿园的联系，不断丰富家长的安全常识，加强家长对幼儿安全教育的理解，提升其对幼儿安全教育的重视程度，并自觉参与到幼儿安全教育过程中，形成家庭与幼儿园紧密结合的双重保障。通过加强家庭和幼儿园两方面的沟通合作，从而深化安全教育的实施效果。

参考文献

[1] 刘颖，虞永平.我国幼儿园管理质量的现状、类别及其影响因素——基于潜在剖面分析的结果[J].学前教育研究，2021（1）：17-28.

[2] 元琰，席小莉.新时代幼儿园教育"小学化"的囚徒困境[J].黑龙江教师发展学院学报，2020，39（8）：77-81.

[3] 李静，李锦，王伟.普惠性民办幼儿园教育质量评估与提升策略——基于对C市15所幼儿园的调查数据分析[J].学前教育研究，2019（12）：69-76.

[4] 范元涛.幼儿园教学游戏化研究[D].重庆：西南大学，2011.

[5] 何永珍.游戏在幼儿园教育教学中的运用[J].科学咨询（教育科研），2019（11）：115.

[6] 马锦华，陈园园，李晓宁.幼儿园教育质量评估指标体系比较及其启示[J].教育研究与实验，2019（5）：76-82.

[7] 高宏钰，霍力岩，谷虹.幼儿园教育传承传统文化的内容与方式——基于政策文本的研究[J].基础教育课程，2019（19）：33-40.

[8] 黄涛.浅析幼儿园教育对幼儿社会性发展的作用[J].名师在线，2019（23）：95-96.

[9] 段锡珍.关于幼儿园教育与家庭教育重要性的思考[J].课程教育研究，2019（31）：16.

[10] 王怀亮.优秀传统文化与幼儿园教育的融合与实践[J].科教文汇（中旬刊），2019（7）：148-149.

[11] 陈艳.论现代教育中家庭教育与幼儿园教育的合作[J].课程教育研究，2019（18）：17，20.

[12] 包艳丽.家长参与幼儿园教育权利的现状研究[D].长春：东北师范大学，2019.

[13] 宋蓉.基于保教一体化的幼儿园教育质量评价[J].学前教育研究，2019（4）：85-88.

[14] 刘凤辉.家长的教育理念对幼儿园教育小学化倾向影响的研究[D].长沙：湖南师范大学，2018.

[15] 索长清.家庭教育与幼儿园教育的边界[J].陕西学前师范学院学报，2018，34（7）：5-8.

[16] 张苗.《幼儿园教育指导纲要》对幼儿园教材建设方面的指导意义[J].课程教育研究，2018（27）：34-35.

[17] 谢慧敏.生态学视角下幼儿园教育活动设计研究[D].聊城：聊城大学，2018.

[18] 李红霞，张纯华，张邵军，等.普惠性民办幼儿园教育质量保障外部治理机制现状及优化[J].教育评论，2017（10）：67-71.

[19] 史瑾，叶平枝.幼儿园教育环境质量与幼儿入学准备的关系[J].学前教育研究，2016（8）：41-50.

[20] 张舒扬.幼儿园教学游戏化研究与对策[D].延安：延安大学，2016.

[21] 孔礼美.普惠性幼儿园过程性教育质量个案研究[D].昆明：云南师范大学，2016.

[22] 张莹莹.美国家长参与幼儿园教育的实践策略及其启示[D].长春：东北师范大学，2015.

[23] 袁雪莲.幼儿园管理中家园合作现状研究——以江苏省淮安市H幼儿园为例[D].北京：中央民族大学，2015.

[24] 杜小凤.幼儿视角的幼儿园教育质量评价研究[D].成都：四川师范大学，2015.

[25] 马俊.幼儿园管理中存在的问题与对策研究——以沈阳SH公立幼儿园为例[D].大连：辽宁师范大学，2015.

[26] 胡静.幼儿园教育情境中教师评价行为研究[D].重庆：西南大学，2014.

[27] 高祥.通过游戏来学与教：幼儿园游戏教学实践的个案研究[D].重庆：西南大学，2014.

[28] 陈婷.幼儿园教育活动中教师观察行为的研究[D].长春：东北师范大学，2013.

[29] 贾芳.幼儿园教育的特点[D].呼和浩特：内蒙古师范大学，2013.

[30] 张静.湖南大学幼儿园管理文化建设的个案研究[D].长沙：湖南师范大学，2012.